VIVRE *Heureux* DANS UN PETIT ESPACE

ISBN : 978-2-0813-7614-4

Dominique Loreau

VIVRE *Heureux* DANS UN PETIT ESPACE

Flammarion

Une maison minuscule
Posée sur la colline
Pour vivre et pour mourir

Yves Gerbal, Haïkus de Provence

Sommaire

Introduction

Si l'on demandait à chacun sa définition de l'habitat, on obtiendrait probablement autant de réponses, souvent contradictoires : pour certains, le toit ne représente qu'un refuge, un endroit où se reposer, dormir, entreposer ses affaires ; pourvu qu'il y ait un lit et un réchaud pour le café, cela leur suffit. Pour d'autres, au contraire, le logis est le noyau central de la vie, autour duquel tout gravite.

Quelles que soient les particularités et les aspirations de chacun, une chose est certaine : le thème de l'habitat englobe toutes les aspects de la vie : argent, mariage, famille, statut social, sécurité, esthétique, architecture, confort du corps et de l'âme, santé, énergie, écologie, politique, économie, éthique… Réfléchir à sa « façon d'habiter » se résume, somme toute, à réfléchir à sa vie et à faire état de ses rêves et de son futur. De sa mort aussi…

Certes, nous avons tous besoin d'un toit… Mais de quelle sorte de toit ? Celui qui nous abrite nous convient-il ? Nous rend-il heureux ? Est-il « à notre taille » ? Nous apporte-t-il de l'énergie ou bien, au contraire, nous en vole-t-il ? Que nous nous en rendions compte ou pas, nous

sommes tributaires du lieu que nous occupons (ou que nous voudrions occuper). Bien plus que nous l'imaginons. Sans lui nous pourrions perdre notre santé, nos amis et même notre vie. De plus, avoir un toit – SON toit – n'est pas toujours facile. Pour beaucoup, plus qu'un choix, se loger est une contrainte économique et bien souvent sociale avant même d'être un plaisir ou un rêve réalisable. Quant à celui qui est propriétaire d'une grande et belle maison, ne dit-on pas à son propos : « Il a bien réussi. Il a acheté une grande maison » ? Mais est-il vraiment plus heureux que les autres ? Son mode de vie correspond-il à ses aspirations profondes ? A-t-il le temps de rêver, de paresser et de vivre à sa guise alors qu'il a un crédit de plusieurs dizaines d'années et, en conséquence, les poings liés à un travail, une famille, des horaires et autres responsabilités ?
On est toujours esclave d'une grande habitation. En revanche, habiter un petit « chez-soi », qu'il s'agisse d'un minuscule studio, d'un simple deux-pièces ou d'une maison de taille modeste, apporte de nombreux avantages : moins de frais et de tracas, plus de commodités, de confort, de temps, de liberté, d'intimité… La société nous fait malheureusement miroiter l'image du bonheur à travers des habitations de star avec piscine, pelouse et chambres d'amis. Nous ne réalisons pas que nous serions tout aussi heureux et bien plus libres dans un endroit plus compact. Il existe, de par le monde, des habitats minuscules et extrêmement confortables, beaux et idylliques.
Si avoir un toit à soi est une priorité, sa surface, elle, est secondaire : car paradoxalement, plus un habitat est petit, plus il peut apporter de joie. Sages, mystiques et poètes

l'ont clamé depuis la nuit des temps : un esprit large n'a pas besoin d'espace. De plus, les petites habitations relèvent bien plus du plaisir et du rêve que les autres. Comme pour beaucoup de choses dans la vie, moins mène souvent à plus.

Avoir un toit à soi, sans risquer de se faire expulser ou d'être dérangé – alors que les deux seules choses auxquelles on aspire sont le calme et la solitude – est certainement l'un des plus grands rêves de l'homme. Il peut alors prendre le temps d'y boire, tranquillement installé dans son fauteuil au coin du feu, son thé, symbole en Occident d'un havre de paix confortable, et, pour les philosophes et les poètes Orient, de cette quête éternelle de la sagesse. Une quête que le bouddhisme, le taoïsme et le zen nous aident à mener afin d'éviter la souffrance, de nous enrichir intérieurement et de nous élever au-dessus de notre condition matérielle.

1

LES AVANTAGES DES PETITES SURFACES

Moins de soucis, plus de légèreté

Un petit habitat, la solution à bien des problèmes...

> « Sans doute ma maison est petite, mais j'ai une place où me tenir assis. Étant seul, mon logement me suffit amplement. [...] je me contente de désirer ma tranquillité et j'estime que le bonheur consiste en l'absence de soucis. »
> KAMO NO CHÔMEI, *NOTES DE MA CABANE*

Nombreux sont ceux qui déplorent l'étroitesse de leur logis et rêvent d'habiter dans plus grand. Mais combien sont-ils aussi, ceux qui se plaignent d'une maison qu'ils ont du mal à gérer, à entretenir ou à rembourser ? Les personnes faisant l'éloge des petites surfaces sont rares, mais elles ont compris que préférer une petite surface à une grande a bien des avantages : moins de soucis et de frais, davantage de temps et de confort. Plus les technologies avancent et plus l'empire du consumérisme, avec sa folie des grandeurs et de la démesure, prend de l'ampleur, nous éloignant de la sagesse et de la modération. Cette démesure est-elle bénéfique à notre santé et à notre bien-être ? Grand, toujours plus grand, voilà ce à quoi aspirent les générations actuelles, qu'il s'agisse d'un écran plasma, d'un réfrigérateur ou d'une maison. Mais cette grandeur rend-elle plus heureux ? Est-elle garante d'une meilleure santé, de plus de tranquillité et de sécurité ?

La petite demeure, une thérapeutique des soucis

> « Nous avons mieux à faire de la vie que d'en accélérer le rythme. »
> MOHANDAS KARAMCHAND GANDHI

Habiter une petite surface a indubitablement l'avantage de causer moins de soucis. On est toujours esclave d'une grande habitation, car qui dit grand espace dit aussi fatigue, responsabilités et éparpillement. Bien des personnes pensent qu'occuper une grande surface est agréable ; mais réalisent-elles que leurs préoccupations tournent presque uniquement autour de celle-ci ? Travaux d'entretien et d'embellissement, heures supplémentaires au bureau pour payer les traites, week-ends à tondre le gazon, enlever les toiles d'araignées ou repeindre des volets… est-ce vraiment cela, la vie ? N'y a-t-il pas de choses plus exaltantes à faire que de constamment vivre pour son intérieur, le nettoyer, l'embellir, le protéger ? Se loger, comme se nourrir, ne devrait être que la condition préalable à une vie libre et sans contrainte. Une petite habitation, nul ne peut le contester, est bien plus facile à aménager confortablement, à entretenir, à gérer, à louer (ou à acheter) et aussi à quitter (ou à vendre) qu'une grande. Ce que le logis devrait essentiellement apporter, c'est le repos physique et mental, la possibilité de refaire son plein d'énergie et de vitalité afin de pouvoir, pendant et en dehors du travail, pleinement profiter des plaisirs de l'existence. Il devrait être avant tout un lieu de paix et une source de joie et d'insouciance.

Moins matérialistes, nous sommes plus heureux

> « C'est une absolue perfection, et comme divine, de savoir jouir loyalement de son être… Les plus belles vies sont à mon gré celles qui se rangent au modèle commun et humain avec ordre, mais sans miracle, sans extravagance. »
> MICHEL DE MONTAIGNE

La richesse matérielle rend fou et irresponsable. En revanche, vivre avec très peu et éviter les situations complexes ou les personnes déséquilibrées, snobs et prétentieuses permet de se rapprocher d'un bien-être proche du bonheur. Celui qui s'est débarrassé de la plupart de ses biens matériels peut alors se contenter de quelques dizaines de mètres carrés pour vivre. Il réalise que trop posséder, même en superficie d'habitat, n'apporte rien. Cesser de se dissiper en occupations inutiles, ne plus s'encombrer d'objets qui ont la prétention de simplifier la vie alors qu'ils la compliquent, ne pas occuper plus d'espace que nécessaire, voilà ce qui aide en réalité à retrouver l'insouciance et la légèreté de nos jeunes années mais que nous avons perdues par notre avidité de possession et notre soif de paraître. Vivre dans un lieu limité, simple, que l'on peut quitter du jour au lendemain sans encombre ni tracas (déménagement, formalités complexes et longues…) procure une sensation d'apesanteur et d'autonomie extraordinaire. Comme si nous n'en étions encore qu'au tout début de notre vie et que celle-ci allait s'ouvrir à nous, immense et magnifique. Cela explique pourquoi ce sont les personnes parvenant à vivre avec peu qui sont, paradoxalement, les plus en vie.

Les petits appartements attirent moins les voleurs

> « Soies, colliers de perles autour du cou… c'était là les signes non de la royauté mais de l'esclavage. »
> MOHANDAS KARAMCHAND GANDHI,
> *AUTOBIOGRAPHIE OU MES EXPÉRIENCES DE VÉRITÉ*

Que d'esclavage à devoir constamment veiller à ne pas être volé, dévalisé ! Que de temps et d'énergie gaspillés à faire installer des systèmes antivol, des caméras de surveillance ou à demander à des voisins, l'été, de venir « jeter un œil » sur ses biens ! Et puis, quel esclavage encore que d'être inquiet, soucieux ! Il est possible de bien vivre avec si peu que rien n'attirera les voleurs. S'ils veulent emporter la télévision, tant mieux pour eux. Mais ils n'auront pas gagné grand-chose. Je n'oublierai jamais ce que mon ami Samuel, de New York, me disait un jour à propos de son frère : « La sécurité est ce qui coûte le plus cher. Joshua paie une somme exorbitante pour un appartement minuscule, mais il est dans le quartier le plus sûr. »

Vivre dans la légèreté

> « Six voitures et chevaux se détournent de cette retraite. Rossignols et fleurs ne dédaignent pas la pauvreté. »
> LANG CHE-YUAN,
> *INTERMINABLEMENT LA PLUIE*, NAGAI KAFÛ

Si vous n'avez pas de possessions, disaient les Japonais autrefois, vous n'aurez pas de malheurs. Pourquoi vivre esclave des biens matériels et mourir sous le poids mort des accumulations ? Un petit logis peu meublé n'équivaut ni à la tristesse ni à la morosité. Il peut, au contraire, être très gai et très vivant. Tout dépend de l'humeur, de l'entrain et de l'énergie de son occupant. Ce qui rend heureux, ce n'est ni l'espace, ni les meubles, ni les possessions, mais la légèreté et l'insouciance d'une vie dans un corps en bonne santé et un esprit libre d'un maximum de contraintes sociales, délivré de la poursuite incessante de plaisirs de pacotille. Ne pas avoir faim, ne pas avoir froid : celui qui dispose de cela est heureux. Pour vivre simplement, il faut examiner la nature de la simplicité : celle-ci dépend entièrement de l'intégrité et de l'impeccabilité. Si vous prêtez attention à ces deux qualités, votre vie se simplifiera d'elle-même.

Plus de temps

Moins d'heures de ménage dans un petit logis

> « Les maisons des riches ont comme "gonflé" sans limites apparentes. Les maisons des nouveaux riches sont si grandes qu'elles ne sont plus gérables par une seule personne. »
> ENQUÊTE DU *NEW YORK TIMES*,
> 24 OCTOBRE 1999

Les couples prenant une employée de maison pour résoudre le problème du ménage, cause d'une bonne moitié de leurs disputes, sont de plus en plus nombreux. On dit qu'à New York, les gens font le plus souvent appel aux sociétés de nettoyage entre 9 et 11 heures du matin le samedi, au début du week-end, après une semaine de travail pendant laquelle la maison est devenue une véritable porcherie. Conclusion ? Il est plus facile de mettre le désordre dans un grand appartement que dans un petit. La netteté et l'ordre d'un logis apportent de la tranquillité, cette chose si précieuse que ceux qui vivent dans d'immenses surfaces ont du mal à obtenir – si tant est qu'ils y parviennent. De l'ordre naîtra la sérénité.

Plus nos maisons sont grandes, plus elles sont remplies, plus elles nous volent de temps

> « Celui qui se consacre exclusivement à la poursuite des biens de ce monde est toujours pressé parce qu'il ne dispose que d'un temps limité pour atteindre son but et en profiter. »
> TOCQUEVILLE

Plus nous produisons de biens et de services, plus la valeur des choses diminue et moins nous avons le temps d'en jouir. Le fait de posséder trop fait que le temps pour les plaisirs non matériels devient rare. Nous courons après l'argent pour acheter de plus grandes maisons, de plus grosses voitures, plus de meubles, de vêtements ou de gadgets. C'est ainsi que les petites boutiques d'antan se sont transformées en gigantesques centres commerciaux dont nous dévalons les allées, le week-end, pour trouver ce qui pourrait toujours et encore améliorer, arranger, embellir notre intérieur. Plus une habitation est grande, plus elle nécessite de temps pour son agencement, son entretien. Dès que nous croyons être enfin tranquille, il y a encore quelque chose de nouveau à faire : nettoyer les vitres, couper les branches d'un arbre dont le voisin se plaint, faire réparer une canalisation… En plus du temps perdu, que dire de la fatigue que cela entraîne ? La fatigue, elle aussi, est un de nos plus gros voleurs de temps. L'un des leitmotivs de notre époque est le manque de temps. Mais qui nous oblige à le passer en activités inutiles et asservissantes ? Ceux qui emploient mal leur temps, disait Jean de La Bruyère, sont les premiers à se plaindre de sa brièveté.

Le logis idéal : celui où il n'y a presque rien à faire

> « L'éternité, dit le maître zen, l'éternité,
> c'est aujourd'hui. »
> PROPOS ZEN

Il est aussi difficile de vivre dans un temps encombré que dans une maison en désordre, enseigne la sagesse zen. Pour avoir plus de temps, c'est mathématique, il faut tout simplement posséder moins. Moins de mètres carrés implique forcément moins de possessions. Si vous déménagez d'une surface de cinquante mètres carrés à une de vingt-cinq, vous aurez peut-être tendance à tout vouloir garder. Mais vous vous apercevrez vite, en voyant ces choses entassées autour de vous, qu'elles vous étouffent et ne sont pas nécessaires. S'imposer trop de choses à faire, trop de possessions et de mètres carrés à entretenir, c'est comme se fouetter, c'est être cruel envers soi-même. Troquez votre grande maison pour une plus petite. Les personnes en ayant fait l'expérience sont surprises de la satisfaction alors ressentie. Une fois que tout a été aménagé, organisé, décoré dans un petit lieu, que chaque chose a trouvé sa place et qu'il n'y a plus rien à faire, il ne reste plus qu'à rêver, lire, écouter de la musique… L'idée même de chercher à mieux vivre disparaît. C'est alors que l'on peut jouir de tout, y compris et surtout de son temps. Le fait de passer sa vie à nettoyer, à ranger, à réparer ou à améliorer n'est pas naturel. Ce qui l'est, au contraire, c'est d'avoir du temps pour se cultiver, être curieux de tout, explorer le monde et s'enrichir dans des domaines autres que ceux appartenant au monde matériel.

Mais que signifie, au juste, prendre son temps ?

> « À la différence des autres ressources, celle-ci ne peut être achetée ou vendue, empruntée ou volée, stockée ou économisée, fabriquée, multipliée ou modifiée. On ne peut qu'en faire usage. Et que l'on s'en serve ou non, elle n'en disparaît pas moins. Elle est, à l'évidence, la plus précieuse de toutes, puisqu'elle est la seule à ne pas être renouvelable. »
> JEAN-LOUIS SERVAN-SCHREIBER,
> LE NOUVEL ART DU TEMPS

Prendre son temps signifie, entre autres, avoir le choix de le « dépenser » à sa guise : ne rien faire ou ne faire les choses que par plaisir ou intérêt. Prendre son temps, c'est par exemple anticiper de menus plaisirs avec précision et rigueur (voyages, concerts…) ou lier une douce complicité avec les saisons et les intempéries que l'on dit, par légèreté, « mauvaises ». C'est faire taire les voix inutiles afin de se donner à l'essentiel. Les habitants de Kyoto habitent souvent de minuscules intérieurs ravissants dans lesquels ils n'ont rien cherché à changer, améliorer ou moderniser depuis des décennies. L'ordre et le bon sens y étant parfaitement établis, ils ne voient pas la nécessité de se « moderniser ». Ils ont donc beaucoup de temps à eux, en dehors de leurs heures de travail, pour goûter à une multitude de petits luxes de l'existence tels que flâner le long de leur belle et grande rivière, la Kamo-gawa, ou aller à bicyclette à l'autre bout de la ville acheter quelques pâtisseries « de saison » (aux formes et couleurs rappelant l'époque de l'année à célébrer, que ce soit la chaleur estivale, les érables en feu de l'automne ou les cerisiers en fleur d'avril) à déguster avec un thé vert mousseux. C'est aussi pour eux l'occasion d'aller passer quelques moments, sur leur trajet, dans un des multiples jardins zen de la ville, de sentir le vent, d'admirer la couleur du ciel ou de cueillir une fleur sauvage le long du chemin. Tous ces petits bonheurs n'ont certes rien de spectaculaire, mais ils recèlent une force incroyable.

Plus de temps pour ses amis

L'homme libre possède le temps. L'homme qui maîtrise l'espace est simplement puissant, disait quelqu'un. Plus on possède, plus on a besoin de posséder. En achetant des livres et encore des livres, il faut acheter une nouvelle bibliothèque. *Idem* pour les vêtements, la vaisselle, les appareils ménagers. Nombre de personnes occupent leur temps avec les choses, mais c'est souvent au détriment des contacts humains. Alors elles deviennent de moins en moins disponibles pour les autres : elles ne répondent pas au téléphone, laissent les mails sans réponse, se disent sans cesse pressées, submergées, débordées… Le temps devrait pourtant servir à devenir souriant, décontracté, aimable, généreux. Vivre plus simplement, plus modestement, peut libérer de bien des contraintes. À quoi bon une vaste pelouse (et sa tondeuse super performante) si l'on n'a pas le temps de s'y allonger, d'y inviter ses amis pour un brunch ? L'herbe continuera toujours de pousser. Mais l'amitié, elle, si elle n'est pas cultivée, finira par se faner. Avoir, ou plutôt prendre du temps pour ce qui nous plaît devrait être une chose naturelle. Non un luxe. Et puis, avoir du temps permet de faire chaque chose à fond, de vivre de manière plus authentique. Chaque instant devient alors… une goutte d'éternité : il acquiert une tout autre valeur dans un petit espace.

Plus de vitalité

Plus la demeure est grande, plus le surmenage menace

> « Les petites maisons et les petites pièces renforcent l'esprit, les grandes l'affaiblissent. »
> LÉONARD DE VINCI

Bien des personnes passent leur temps, leur vie à travailler pour rembourser l'emprunt de leur maison mais, une fois qu'elles sont enfin (idéalement) au repos et que celle-ci est payée, elles continuent à s'échiner pour... l'entretenir et l'améliorer, jusqu'au jour où elles réalisent qu'elle est à présent trop grande (les enfants ont quitté le nid familial, l'un des conjoints est décédé...). Alors, même si elles ont l'impression de jouir du confort matériel et enfin d'une certaine aisance financière, elles n'ont pas pour autant le sentiment d'être heureuses. Matériellement, elles sont toujours en train de chercher quelque chose, de ranger, de nettoyer, de se perdre en tâches inutiles et stériles. Psychologiquement, elles souffrent d'un vide existentiel, d'un manque difficile à définir mais qui ternit leur bien-être : elles ont gaspillé leur énergie dans tous les sens, y compris chez elles. Leur perception du repos, du bien-être, est faussée. La preuve : elles partent en vacances pour se reposer. Jamais elles n'envisageraient cette idée toute simple de prendre des vacances... chez elles. C'est pourtant à cela que devrait servir un logis : se refaire une santé, s'évader dans les rêves et l'oisiveté, se RE-POSER.

L'énergie, c'est la vie

On le sait, ce sont les soucis qui rendent malade, maussade et qui empêchent d'être heureux, vivant et allègre. La pensée est une énergie, au même titre que l'électricité ou la gravitation. Toujours avoir quelque chose à penser, un problème à régler… fatigue le système nerveux et rend malade, à la longue. Choisir de vivre dans un petit logis, c'est faire non seulement des économies financières, mais revenir à une sorte d'attitude « discrète » dans la vie, à la modération dans tous les domaines. C'est prendre plus de temps pour réfléchir, retrouver un mode de vie équilibré et frugal qui aide à se sentir plus en accord avec soi-même. C'est faire des économies d'énergie ; une énergie que nous passons notre vie entière soit à amasser, soit à dépenser, soit à… gaspiller. Ne pas avoir à se préoccuper des biens matériels permet d'accumuler cette énergie qui mène à la paix.

Un intérieur devrait nous apporter du dynamisme

Loin de nous mener à la torpeur, notre logis devrait nous libérer de tous blocages et nous faire retrouver notre dynamisme, mis à rude épreuve par le monde extérieur. On oublie trop souvent que la maladie est l'étiolement de l'énergie. Le rôle d'un intérieur devrait donc être de

nourrir cette énergie, de ramener le calme et l'équilibre dans les pensées, les actes et les comportements.
Il est donc important de se loger non pas grandement, mais confortablement. Ce n'est pas la taille d'un intérieur qui apporte le repos. Au contraire : plus il est petit, plus il invite au calme, à la sérénité, à la propreté et à l'ordre. Une ou deux heures de ménage hebdomadaire suffisent. Quelques plantes vertes, un bouquet, des luminaires tamisés, de la musique douce… il ne reste plus alors qu'à débrancher son téléphone, à se lover dans un fauteuil confortable et à s'évader dans la lecture, la musique, un bon film ou ses rêveries. Ces activités sont celles qui apportent réellement de l'énergie et de l'espace. De l'espace intérieur, bien sûr.

Ne jamais se laisser entraver par trop d'espace à gérer

> « Nous sommes constamment invités à être
> ce que nous sommes. »
> HENRY DAVID THOREAU

Une petite demeure devrait apparaître comme la thérapeutique des soucis, des angoisses et de la misère humaine provoqués par les contraintes sociales. Ce qu'il faut rechercher, dans un logis, c'est le repos, l'équilibre et l'apaisement du corps. Une maison doit permettre d'entretenir convenablement son corps, de nourrir son esprit et de participer au souci de la longévité. Elle doit se résumer à un lieu où le tumulte fait place à la placidité, la fatigue à la vitalité. Les taoïstes, ces maîtres de l'énergie vitale, se contentaient d'un petit logis décoré de quelques rares objets symboliques, de quelques pots de fleurs, d'un jardin de rocailles miniature et d'un rouleau représentant un beau paysage. Ils n'usaient pas leur énergie à intimider ou séduire leur entourage afin de grimper dans l'échelle sociale. Pour eux, le bonheur était tout simplement de parvenir à cette vision de l'épanouissement personnel à laquelle ils aspiraient le plus : devenir soi.

La maison doit être une nourriture à la fois matérielle et spirituelle

> « Trop d'espace nous étouffe beaucoup plus
> que s'il n'y en avait pas assez. »
> JULES SUPERVIELLE, *GRAVITATIONS*

Tout ce qui est vital et prégnant, dans un petit appartement sobrement meublé mais impeccablement propre, dérive de sa vitalité : le silence, la joie que prend la moindre tâche, comme nettoyer les vitres, préparer un repas ou lire sans le souci d'avoir à faire autre chose. Une fois que l'on est ainsi libéré des choses matérielles, il n'y a plus à se soucier du lendemain. Une telle vie, par sa simplicité, désenivre et délivre de l'esprit frivole d'un monde qui se moque de tout. Les eaux troublées de l'esprit se calment et ce trouble, qui était comme un nuage caché au fond de soi, remonte à la surface pour enfin se dissoudre. Survient alors un état de paix qu'il était avant impossible de connaître. Et puis, habiter dans un petit logis allège d'un autre souci, et pas des moindres : le poids des dettes et des dépenses.

Moins de frais

Le coût d'un emprunt bancaire gonfle toujours celui du prix initial

> « À vingt ans, il s'est cru libéré des routines ou des préjugés qui paralysent nos actes et mettent à l'entendement des œillères mais sa vie s'était passée ensuite à acquérir sou par sou cette liberté dont il avait cru d'emblée posséder la somme. »
> XAVIER DE MAISTRE,
> *VOYAGE AUTOUR DE MA CHAMBRE*

Pour beaucoup, travailler n'engendre qu'ennui et stress. Leur « vie » ne commence qu'à la fin de la journée de travail et le week-end ; et encore… à condition qu'ils ne soient pas trop épuisés et ne passent pas tout leur temps libre à seulement récupérer. Prisonniers d'un cycle économique auquel ils ne peuvent échapper, ils ont rejoint le bataillon de ceux qui ne travaillent que pour une chose : rembourser l'emprunt de leur résidence. Il est évident qu'une petite maison entraîne moins de frais qu'une grande. Malheureusement, nombreux sont ceux qui ne réalisent pas combien cet achat va peser sur eux pendant des décennies. Une maison achetée à crédit revient beaucoup plus cher que la somme indiquée sur la petite annonce. On ne calcule pas toujours avec lucidité ce qu'il y aura à payer en plus, en intérêts bancaires, impôts locaux, taxes foncières, frais de chauffage et d'entretien (sans parler du stress pour trouver un électricien, un plombier ou un réparateur de toiture), charges (s'il s'agit d'un appartement en copropriété), femme de ménage, jardinier, etc. Nous devrions, avant d'acquérir un bien, calculer à combien il nous reviendra, dans l'avenir, par mètre carré. C'est ainsi que nous taxent ceux qui calculent nos impôts locaux, nos charges ou nos ravalements de façade.

Ces mètres carrés qui ne servent à rien mais que nous payons...

Il y a souvent, dans les grandes habitations, toutes sortes de mètres carrés qui ne servent pas à grand-chose mais pour lesquels nous payons charges et impôts. Avez-vous déjà fait le calcul de ce que vous coûtent vos chambres d'amis inoccupées la plupart du temps ? Ne serait-il pas plus avisé, si vous avez des invités, de leur offrir l'hôtel ? Que dire également des débarras pleins de vieilleries inutiles, des cuisines à la fois trop petites pour manger mais exagérément spacieuses pour simplement préparer les repas ? Pourquoi absolument tenir à un hall d'entrée où l'on ne fait que passer ? Nous oublions aussi que plus un logis est vaste, plus il faut le meubler, l'aménager, le décorer. Et que plus nous le meublons, plus nous le remplissons de choses dont nous n'avons pas vraiment l'usage. Bref, nous finissons ainsi par adapter nos besoins à la taille de notre logis et non, ce qui serait logique, le contraire. Certes, se dire propriétaire d'une grande maison peut apporter fierté et satisfaction mais réalisons-nous à quel point ces prétentions font de nous des esclaves ?

Vivre au-dessous de ses moyens

> « Il ne faut pas laisser nos moyens de vivre
> compromettre nos raisons de vivre. »
> HUBERT BEUVE-MÉRY

Toutes sortes de personnes, dans notre entourage, se plaignent du coût de la vie ou de leurs difficultés à joindre les deux bouts. Ce faisant, pourtant, bon nombre vivent dans bien plus de mètres carrés qu'il ne leur en faudrait. Amour profond du positif et du concret, stricte économie de moyens… nos vrais besoins sont plus limités que nous l'imaginons. Il est parfaitement possible de jouir de mille richesses sans avoir beaucoup d'argent ni d'espace. Il suffit de savoir dépenser peu avec style et élégance et de ne posséder que quelques belles choses en les utilisant avec goût et intelligence.

Vivre dans un nombre restreint de mètres carrés apporte quelque chose de bien plus précieux que l'espace physique : l'espace mental ! Il existe mille choses que l'on peut faire et obtenir, pour passer de « plus » à « assez » ; bien plus que ce que l'argent peut acheter. Vous n'avez pas à passer vos soirées dans les bars pour vous faire des amis. En apprenant à vivre bien dans un petit logis, vous regagnerez un sens de l'économie fort plaisant. Vous réaliserez à quel point vivre au-dessous de ses moyens est non seulement l'expression même du bon sens mais le summum du luxe.

Ces éternels endettés

> « Depuis que j'ai choisi la voie du renoncement je me sens libre de toute haine comme de toute crainte. [...] Pour moi, le plaisir suprême est celui que j'éprouve sur l'oreiller d'une sieste paisible, et l'ambition de toute ma vie est de pouvoir, selon les saisons, contempler un beau paysage. »
> KAMO NO CHÔMEI, *NOTES DE MA CABANE*

Toute personne ayant un rapport sain à l'argent a parfois du mal à réaliser (elle s'étonne souvent) que d'autres n'aient pas la même logique et les mêmes raisonnements qu'elle. Il lui faut parfois des années avant de comprendre que même des proches (membres de famille, amis) souffrent d'une maladie psychologique : le rapport irrationnel à l'argent. Un symptôme trahit ces derniers : ils ne peuvent parler de leur argent sans perdre leur calme et leur objectivité. Certains refusent même catégoriquement d'aborder le sujet ou, s'ils y sont obligés, sortent littéralement de leurs gonds à la moindre remarque. Un petit détail les trahit d'ailleurs : lorsqu'ils évoquent leur propre argent, ils emploient surtout le terme « sous » (« Je n'ai pas de sous pour faire ceci, pour faire cela... ») alors que lorsqu'il s'agit de l'argent des autres, ils parlent de « fric ». Ces personnes ne sont, notons-le, pas avares. Là n'est pas leur problème. Disons qu'elles ont tendance à être… dépensières et irrationnelles quand il est question d'argent. Elles refusent de compter et ont en commun le principe suivant : l'argent ne doit être ni un problème dans la vie ni quelque chose à épargner. Résultat ? Elles sont toujours endettées, quels que soient leurs revenus, même à l'âge de la retraite. Le seul argent qui mystérieusement ne semble jamais leur manquer est celui pour partir en vacances ou vivre dans deux fois plus d'espace que nécessaire. Observez autour de vous : vous reconnaîtrez au moins une de ces personnes pour qui l'argent est constamment un problème et qui, pourtant, occupe un grand espace.

L'angoisse liée à l'argent

Liliane m'explique qu'après son divorce, et parce qu'elle avait une belle situation, elle a loué pour elle et sa petite fille un appartement de quatre-vingts mètres carrés. Le poste important qu'elle occupe, lui avait suggéré sa supérieure, lui imposait ce choix. Ce que Liliane avait sous-estimé, c'est tous les coûts qui allaient obligatoirement se greffer sur ce loyer déjà exorbitant : une femme de ménage, des réceptions… Liliane ne vit pas au-dessus de ses moyens. Elle vit, disons,… tout juste à leur hauteur. Résultat ? Non seulement elle ne fait pas d'économies, mais elle est constamment tourmentée et angoissée par le futur. Elle a toujours estimé que l'argent ne devait pas être une source de problème. Elle sait maintenant que, pire qu'un problème, il est source d'angoisse. Les problèmes, eux, trouvent souvent une solution. Pour les angoisses… c'est moins évident !

Une belle situation mais pas de retraite assurée

Cette célibataire japonaise, malgré sa très belle situation, ne touchera probablement qu'une toute petite retraite. Elle vit seule dans un très bel appartement acheté il y a déjà une dizaine d'années, mais il lui reste encore beaucoup à rembourser. L'ironie du sort est que, étant très prise par son travail, elle ne passe que très peu de temps chez elle. L'une de ses pièces est entièrement occupée par des vêtements portant encore leur étiquette et achetés pour compenser le stress causé par son travail. Pourquoi ne revendrait-elle pas cet appartement ou ne le louerait-elle pas pendant quelques années pour aller habiter dans un endroit plus petit ? Cela lui permettrait de faire des économies et de mieux anticiper sa retraite. Cela lui apporterait aussi beaucoup plus de tranquillité d'esprit. Vingt mètres carrés dans ce quartier qu'elle aime la rendraient aussi heureuse que ses quatre-vingts mètres carrés actuels.

Un accès à la propriété plus aisé

L'importance d'un toit à soi

> « Rien que pour un jour
> Tant voudrais maison
> À moi
> Aux fleurs de prunier »
> Kobayashi Issa, haïku

Seuls les êtres ayant passé la majeure partie de leur vie à méditer et pratiquer le détachement dans des lieux propices à de telles disciplines, tels que, par exemple, les rives du Gange à Rishikesh ou un temple zen en Corée ou au Japon, peuvent affirmer qu'on n'a besoin de rien dans la vie pour vivre. Pour le commun des mortels, dont vous et moi faisons partie, il serait cependant malhonnête d'affirmer que le bonheur peut exister sans un minimum de sécurité. Souhaiter devenir propriétaire, ne serait-ce que d'un minuscule studio, est donc un souhait naturel et parfaitement légitime. Être propriétaire de son toit a bien des avantages : c'est une sécurité pour l'avenir, une force et une stabilité intérieure inestimables. Une porte fermant à clé, du chauffage l'hiver, n'est-ce pas là, en effet, l'essentiel de ce qu'un être humain peut désirer ? Comment être heureux si l'on ignore de quoi demain sera fait ? Savoir que l'on a un petit endroit à soi où se réfugier en cas de chômage, de problèmes financiers, familiaux ou sentimentaux est l'un des piliers de l'existence.

L'acquisition d'un toit, l'investissement le plus important d'une vie

> « La vie, l'essence de la vie, la base de la vie, qu'est-ce c'est ? Un toit, pas forcément un compte en banque… pas être le plus riche du cimetière, mais pouvoir vivre, vivre ! Simplement vivre ! »
> SYLVIE QUESEMANE ZUCCA,
> *JE VOUS SALIS MA RUE*

Excepté, peut-être, le choix de mettre un enfant au monde, acquérir un bien immobilier est probablement l'un des engagements les plus importants dans une vie. Choisir entre un endettement de vingt ou trente ans (avec tout ce qui s'ensuit), la légèreté, ou le poids de rester tributaire d'un propriétaire, un compromis est possible : acheter petit. La folie du monde actuel nous fait oublier le bon sens. Peut-être parce que notre société fait du logement comme du plaisir un « droit », et du sacrifice et de la patience des valeurs démodées. Les gouvernements, pour avoir des forces de travail, incitent les jeunes à procréer bien plus qu'à être financièrement indépendants (et donc à ne pas faire de longs et lourds emprunts). Ils savent qu'une fois qu'un couple aura des enfants, il devra travailler pour les faire vivre et les loger. Encourager les citoyens à faire des enfants est donc une démarche calculée, parce que « rentable » pour l'État. Les publicités nous présentant de joyeux bambins et des parents béats devant leur progéniture ne sont pas aussi innocentes qu'elles veulent bien le laisser croire.

Prendre ses précautions dès le plus jeune âge pour ne pas se retrouver à la rue

> « Il ne peut y avoir de home sans sens
> de la permanence, et sans home, il n'y a pas
> de civilisation possible. Les gens sont devenus
> des nomades habitant des appartements. »
> GEORGE GISSING,
> *LES CARNETS D'HENRY RYECROFT*

Arriver à être propriétaire d'un toit à soi (c'est-à-dire avoir fini d'en payer l'emprunt) implique bien sûr de la détermination et des sacrifices, comme ne pas sortir tous les week-ends, renoncer à l'écran plasma dernier modèle ou aux vacances à la montagne chaque hiver. Mais c'est là le secret pour devenir aussi rapidement que possible financièrement indépendant. Certains souriront probablement de ces bonnes vieilles idées mais commencer par accéder à la propriété avant d'avoir à porter la responsabilité d'autres vies (des enfants) est dans l'ordre des choses. Comment en vient-on à devenir SDF après avoir eu une belle carrière, une famille… à moins d'avoir trop emprunté ou de s'être fait dévaliser de tous ses biens par son « ex » ? Un jeune de vingt-cinq ans ne peut bien évidemment financer intégralement et immédiatement un toit à lui mais ce but devrait être la première de ses priorités. S'il peut économiser 10 % du prix d'achat d'un petit toit, les traites qu'il payera par la suite lui coûteront à peine plus cher qu'un loyer. La situation économique du monde actuel est si incertaine et angoissante pour les jeunes… ! Kiki Kirin, une actrice japonaise très connue, expliquait dans une interview qu'elle n'avait jamais fait un seul cadeau à ses enfants et petits-enfants. Mais le jour où ils s'étaient installés, elle les avait généreusement aidés financièrement. Expliquant cela, elle montrait en riant aux caméras les trous de mite dans sa robe démodée : « Eh bien quoi, dit-elle, ces trous ne m'empêchent pas de la porter ! »

La location pour ceux qui ont les moyens d'être propriétaires ? De l'argent parti en fumée

> « Pour moi, cette petite bibliothèque a sa beauté, surtout parce que j'y suis chez moi. »
> GEORGE GISSING,
> *LES CARNETS D'HENRY RYECROFT*

Chacun a ses raisons, certes, mais que penser de ces personnes vivant seules et qui, par manque de décision ou peur de l'engagement dans un investissement immobilier, paient des loyers extravagants pour de grandes surfaces (cinquante ou soixante mètres carrés) alors qu'économiquement, elles pourraient être propriétaires ? Pour elles, bien vivre dans le présent est plus important que le sacrifice de vivre dans plus petit et économiser. Leur excuse ? Ne pas être sûres de l'endroit où elles vivront plus tard, être incertaines de leur avenir… En attendant, c'est l'argent de leur loyer qui part en fumée chaque mois. Réalisent-elles que, même si, dans le pire des cas, elles ne pouvaient rembourser leur emprunt, elles auraient toujours la possibilité de revendre et de récupérer ainsi une partie de la somme investie ? Et puis, si leur emploi les appelle ailleurs, elles peuvent fort bien louer ce bien pour continuer à le payer et posséder, plus tard, un petit capital immobilier. Mais le problème, dans le fond, est ailleurs : devenir propriétaire les effraie. Elles ne se sentent pas capables de s'engager dans ce qu'elles considèrent comme une responsabilité. Elles souffrent, elles aussi, d'une de ces peurs irraisonnées que génère chez certains l'argent.

Vivre d'amour et d'eau fraîche ? Faux

> « Pour une femme, le foyer est au moins aussi important que son époux. »
> UNE AMIE INDIENNE, AUTREFOIS

Je me souviens encore du choc qu'avaient suscité en moi ces propos, alors que j'avais à peine trente ans. Mais ils me sont restés en mémoire, ce qui démontre à quel point, probablement, je les trouvais pertinents. Oui, l'amour, c'est beau, c'est grand et ça rime (en principe) avec « toujours ». Mais qui peut en jurer ? Les statistiques du divorce dans les pays riches le prouvent : un couple sur deux ou sur trois se sépare. Tant de femmes (pour la majeure partie) demeurent avec un homme qui les fait souffrir tout simplement parce qu'elles ne sauraient où aller si elles le quittaient. D'autres, acculées au pire, se retrouvent à la rue avec un ou deux enfants pour avoir trop fait confiance à l'amour, persuadées que l'homme qu'elles aimaient, et avec lequel elles avaient eu des enfants, prendrait soin d'elles et de leurs enfants financièrement.

L'on ne devrait jamais mêler les sentiments et les questions financières. Les déchirements amoureux seraient sans doute un peu moins douloureux si chacun avait un petit toit à lui où il pouvait, à tout moment, se réfugier ou s'isoler pour réfléchir en cas de conflit, de crise, ou, au pire, de rupture définitive. De plus, chacun devrait être autonome financièrement, et ce d'abord afin ne pas « peser » sur l'autre. Une personne devrait toujours, avant de se mettre en couple, assurer ses arrières en possédant son toit, ne serait-ce que douze mètres carrés, et le garder quoi qu'il arrive (faillite du conjoint, achat à crédit d'une maison pour la famille…), au cas où elle voudrait se séparer ou divorcer. Toute personne ayant un bien, même minime, ou étant en passe de devenir propriétaire (du fait d'héritage, d'un lègue…), devrait faire établir un contrat de séparation de biens lorsqu'elle se marie. Dans des pays comme le Japon, la séparation des biens, lors du mariage, est automatique. C'est lorsqu'on veut donner la moitié de ses biens à l'autre au moment du mariage qu'il faut en faire la demande.

L'importance de garder un petit toit à soi pour la vie

Notre éducation nous incite à considérer l'amour comme la priorité. Un couple met en principe, lorsqu'il se marie, tous ses biens en commun – s'il en a. Mais chacun, avant de se mettre en « ménage », ne devrait-il pas commencer par s'assurer son propre toit ? Autrefois un homme ne pouvait épouser une femme que lorsqu'il était en état de lui garantir un toit. De nos jours, cela devrait être la même chose, à cette différence près que la femme ne devrait jamais se mettre en couple avant d'avoir un toit lui appartenant personnellement. Qui sait ce que réserve l'avenir ? Avoir un petit toit à soi est infiniment précieux. Celui-ci peut servir de refuge provisoire à un ami dans le besoin, à un enfant adulte en difficulté, ou apporter, grâce à de petits revenus locatifs, un peu de « beurre dans les épinards ».

Vous avez placé la barre trop haute lors d'une acquisition immobilière ? Il est toujours temps de faire marche arrière

> « Pendant que l'on attend de vivre, la vie passe. »
> SÉNÈQUE, *LETTRE À LUCILIUS*

Si vous avez vu trop grand lors d'un premier investissement et que vous êtes à présent enlisé dans des traites trop lourdes, il est inutile de vous focaliser sur de petites économies au jour le jour pour essayer de reprendre pied. Cela affecterait gravement la qualité de votre vie. Inutile également de tenter de changer votre mode de vie du tout au tout. Revendez ce bien et achetez-en un plus petit. Vous réduirez ainsi de manière significative la somme de votre emprunt et pourrez enfin un peu souffler afin de profiter des plaisirs de l'existence. Une fois encore, plus que la superficie d'un logis, c'est la tranquillité d'esprit qui devrait prévaloir. Comment être heureux si l'on vit constamment dans l'angoisse, la peur du lendemain et les problèmes d'argent ?

Votre métier vous amène à souvent déménager ?

Je n'oublierai jamais l'intelligence de ce couple d'Anglais qui, changeant souvent de pays pour ses activités professionnelles, achetait, dès qu'il arrivait quelque part, une petite maison qu'il revendait avant de repartir, tous les deux ans environ. C'est d'ailleurs ainsi que procèdent certains « expats » appelés à déménager régulièrement. Ils savent que louer est une perte d'argent et préfèrent acheter et revendre lors de chacune de leurs mutations. D'une demeure à l'autre, ils font suivre leurs objets, leurs meubles et parfois leur employée de maison. Ils ont ainsi le sentiment d'être toujours… chez eux !

Confort et luxe

Le confort d'un habitat, c'est d'abord le sentiment de sécurité qu'il procure

> « Le bien-être que j'éprouve devant le feu, quand le mauvais temps fait rage, est tout animal. Le rat dans son trou, le lapin dans son terrier, la vache dans l'étable doivent être heureux comme je le suis. »
> MAURICE DE VLAMINCK, *POLIMENT*

L'image originelle de l'habitat, c'est d'abord, pour la plupart d'entre nous, un refuge, une hutte modeste bien chauffée au fond des bois, à l'abri de la faim et du froid, et une source de bien-être où il fait bon rêver. Un petit cottage anglais ne rend-il pas l'hiver plus poétique ? S'il semble aussi « cosy », c'est justement parce que le temps est glacial à l'extérieur. La maison est un instrument à affronter le cosmos. L'homme, tout comme l'animal, aime les petits espaces (observez les chats !) car il aime les limites. Cloisonner un coin de vie pour soi sécurise, réconforte. On s'y sent bien pour dormir, s'assoupir. L'homme, nomade à ses origines, s'est toujours protégé afin de ne pas être surpris dans son repos. Il a toujours eu besoin de parois et de cloisons pour organiser sa vie. Bachelard, dans son ouvrage *La Poétique de l'espace*, écrivait que « plus condensé est le repos, plus fermée est la chrysalide, plus l'être qui en sort est l'être d'un ailleurs, plus grande est son expansion ».

Le confort de la maison rêvée

> « Ma demeure est parfaite. Juste assez grande pour que la vie domestique y connaisse la grâce qui tient de l'ordre ; juste cet espace superflu intra-muros sans lequel on est moins qu'à son aise. Jamais elle n'a l'air plus intime, n'est plus refuge ou sanctuaire que par les soirs d'hiver… Comme il est bon de désirer peu, et d'avoir un peu plus qu'il n'est besoin ! J'échange mes chaussures contre des pantoufles, ma veste de sortie contre mon veston ample, familier et râpé et où, enfoncé dans mon fauteuil aux bras moelleux, j'attends le plateau à thé. C'est peut-être en buvant le thé que je goûte le plus mes loisirs. […] Combien délicieuse est la suave odeur pénétrante qui s'introduit dans mon bureau à l'apparition de la théière ! Quel réconfort à la première tasse, quelle douce lenteur pour déguster la suivante ! Quelle sensation de chaleur elle apporte après avoir marché sous une pluie glaciale ! »
> GEORGE GISSING,
> *LES CARNETS D'HENRY RYECROFT*

L'habitation rêvée serait peut-être celle dans laquelle on se réveille chaque matin avec une confiance absolue en la vie. Un concentré de tout ce qui est commode, sain, solide. Ce serait ce petit logis juste… « à notre taille ». Conran, le grand architecte britannique, dit que le confort, c'est d'abord un espace bien conçu. Les proportions « justes » d'une pièce exercent en effet un bien-être psychologique incontestable sur ses occupants. Et puis, plus que la décoration, le confort, c'est un aménagement d'abord pensé pour le bien-être : des doubles vitrages, des rideaux 100 % occultants qui glissent parfaitement sur leur rail, une température agréable, des tapis pour tamiser le bruit… Le confort, au bon vieux sens du terme, c'est cet idéal de bien-être qui apporte autant de satisfaction à l'esprit que de bien-être au corps. C'est une affaire de chaud et de froid, de liberté pour les mouvements du corps, de repos. C'est un thé que l'on prend chez soi avec délice parce qu'il est tout le contraire, justement, du « mondain ». C'est un petit espace qui ne nous limite pas puisque nous sommes au fond même de notre repos et de notre intimité, alors que tout, au-dehors, est sans mesure.

Le charme d'une maison réside dans son intimité et son atmosphère chaleureuse

> « Une maison remplie de vieilles choses
> (vaisselle, serviettes de toilette, livres…) ?
> Au fil du temps ce sont toutes ces choses
> qui la remplissent d'amour, d'amitié, de famille,
> d'honnêteté, d'infirmières et de larmes.
> C'est, en vérité, un foyer riche, même si le compte
> en banque est vide. »
> MITCH ALBOM, *TUESDAYS WITH MORRIE*

Un intérieur est rarement chaleureux s'il est trop grand, trop chargé ou trop neuf. Si nombre d'entre nous aiment les vieilles demeures, ce n'est pas seulement pour les traces que le temps, les intempéries et l'usure y ont dessinées mais pour le sentiment de confort auquel elles ont contribué. Le confort c'est, en réalité, le charme, le bien-être qui est ressenti, l'envie de passer des heures et des journées entières dans un lieu. Le confort, ça peut être aussi une certaine pénombre aiguisant les sens, la présence rassurante de meubles ayant résisté aux tendances et aux modes, la patine sur tout, y compris sur le rebord des fenêtres, sur des plafonds un peu jaunis..., bref, tout ce testament d'années d'occupation et de bonheurs passés. Les personnes vivant dans des demeures neuves n'ont malheureusement pas la chance d'apprécier de telles émotions, même si ces habitations sont ultramodernes et parfaitement équipées technologiquement. Une cheminée ou un poêle à mazout sur lequel murmure une bouilloire, l'odeur de propreté et de bien-être, des objets et des murs adoucis par le temps... c'est tout cela qui crée l'atmosphère douillette d'un petit logis ancien. Li Yu, célèbre poète chinois, a longuement souligné l'importance de l'intimité dans le caractère d'un logis. Pour lui, c'est une pièce de taille modeste, sans prétention et familière, où l'on a chaud en hiver, comme si l'on portait un bon manteau de fourrure. C'est tout simplement une pièce vivante et dans laquelle on aime être. En d'autres termes un petit endroit... paradoxalement... immense : car, comme on s'y sent si bien, le dehors ne signifie plus rien.

La démesure écarte toute chance d'intimité

> « Le grand espace éloigne les êtres. On ne vit une intimité complète que dans le cercle restreint d'un lieu aimé. »
> FRANÇOIS HERTEL, *SIX FEMMES, UN HOMME*

Il existe de minuscules cafés au Japon. L'un de mes préférés mesure à peine dix-sept mètres carrés. Il n'est meublé, sur ses tatamis, que de trois tables basses et de deux canapés en coin. Les clients engagent donc naturellement la conversation avec leurs voisins, même s'ils ne les connaissent pas. Tout en préparant les cafés derrière son comptoir, le « Master », un homme cultivé, présente les uns aux autres et anime les conversations. Quel endroit délicieux pour se changer les idées et rencontrer des gens ! L'exiguïté de ce lieu est bien la preuve que la promiscuité encourage l'intimité et la convivialité. Une pièce, si elle est très petite, peut, à condition d'être remplie de poésie et de chaleur, permettre de partager avec autrui des moments fort agréables. L'intimité s'installe instantanément, chacun s'entend mieux acoustiquement, les distances s'abolissent naturellement. S'il n'y a évidemment personne, dans l'assemblée, de trop… envahissant !

Le luxe ne dépend pas des mètres carrés

> « Du café… le bruit agréable de la cafetière retentissait sur mon cerveau et faisait vibrer

> toutes mes cordes sensibles, comme l'ébranlement d'une harpe fait résonner les octaves. Ah quel parfum ! Du café, de la crème ! Une pyramide de pain grillé !… Quel trésor de jouissance la bonne nature a livré aux hommes dont le cœur sait jouir ! Et quelle variété dans ces jouissances ! »
> XAVIER DE MAISTRE,
> *VOYAGE AUTOUR DE MA CHAMBRE*

Un filet de lumière à travers les rideaux au petit matin, le parfum capiteux d'une rose pivoine, un simple repas aux chandelles sur fond de musique douce… l'être humain est en partie responsable de son bonheur. Si nous n'en demandons pas trop à la vie, si nos désirs rencontrent la réalité, alors se produit cette alchimie magique qu'est le contentement. Le luxe, ce n'est pas, contrairement aux dires de la croyance populaire, une maison cossue, une voiture aux sièges de cuir cousus main et des vacances à Saint-Barth. Tout cela n'est qu'apparent et non garant du bonheur. Le luxe, c'est d'abord vivre sereinement, avec fluidité et aisance. C'est avoir la faculté d'habiter chaque moment intensément, lentement, sans soucis, sans désirs impossibles. C'est partager de temps en temps une bouteille de champagne avec un vieil ami tout en parlant de choses intéressantes, vivre de vrais moments d'émotion, de sensibilité, de profondeur. Le luxe ne répond pas à des stéréotypes, ne s'enferme pas dans des codes, mais au contraire se révèle dans la rareté des moments. Il n'a rien à voir avec les mètres carrés, mais est plutôt lié à la sensation de légèreté de l'être ainsi qu'à un émerveillement constant pour tout ce qui touche à la vie.

Plus l'espace est limité, plus l'esprit est illimité

> « Si les portes de la perception étaient ouvertes,
> Tout apparaîtrait comme cela est : infini. »
> WILLIAM BLAKE

Que l'on se sent bien lorsqu'on a chassé le désordre de son mental et mis de l'ordre dans ses idées ! On se sent alors comme concentré, recentré. Ce qu'apporte un petit logis est un peu la même chose. Tout y semble important, choisi, condensé parmi le meilleur. Un petit espace nous offre des sentiments de détachement et de calme parce qu'il nous libère de toutes sortes de considérations matérielles qui diluent notre vie. Un nouvel espace s'ouvre alors à nous : l'espace intérieur menant à une évasion du quotidien et à de grands moments d'échappée dans l'imaginaire. Vivre dans un endroit compact, petit, permet de se concentrer, de ne pas se dissiper, de ne pas s'éparpiller, de ne pas se noyer. On devient alors comme « compact » soi-même et de cet état naissent une force et une vitalité incroyables. Seuls l'essentiel et l'immédiat importent alors. La vie apparaît plus « grande ».

Un petit logis permet de rester maître de sa vie

> « [...] Tu es libre d'être à l'instant toi-même,
> vraiment toi-même, et rien ne saurait t'en

> empêcher. La liberté est dans la nature même de son être… tout ce qui entrave cette liberté doit être rejeté, qu'il s'agisse d'un rite, d'une superstition ou d'un quelconque interdit. »
> RICHARD BACH,
> *JONATHAN LIVINGSTONE LE GOÉLAND*

L'un des plus grands avantages que procure un petit logis, c'est la liberté : il est si facile alors de partir ou revenir du jour au lendemain, sans encombre ni tracas (déménagement, formalités compliquées et longues…) ! Quel sentiment d'insouciance et d'autonomie ! On retrouve alors l'euphorie de ses jeunes années, alors que tout s'offrait à nous, inconnu et riche de possibilités. Bénédicte Régimont, dans son ouvrage *Dites-moi comment est votre maison, je vous dirai qui vous êtes*, évoque l'exemple de cette dame qui logeait avenue Foch, non loin de l'arc de Triomphe, dans une toute petite chambre de bonne de neuf mètres carrés. Âgée d'une soixantaine d'années, elle vivait d'une retraite confortable. Lorsqu'elle parlait de sa situation que beaucoup auraient trouvée précaire, elle aimait dire à qui voulait l'entendre que c'était « du provisoire qui dure ». Elle habitait ici depuis vingt-deux ans, depuis le décès de son mari avec qui elle avait voyagé à travers le monde. Pourtant, le confort y était plus que modeste : les toilettes étaient sur le palier et la douche dans la cour. Elle aurait pu déménager, acheter un petit appartement, mais rester locataire lui donnait le sentiment qu'elle était maître de sa vie et qu'elle pouvait partir quand bon lui semblait, même si ce jour ne s'était pas encore présenté et qu'il ne viendrait sans doute plus. Bien qu'elle ne soit pas propriétaire, voilà le type de liberté qu'offrent les petits espaces. Jeanne Moreau disait qu'un beau jour elle avait décidé de tout vendre – son grand appartement, ses meubles – et qu'elle s'était installée dans un tout petit endroit pour enfin vivre libre.

2

LE REGARD DES AUTRES ET LE QU'EN-DIRA-T-ON

Le type de bonheur auquel la société nous formate
Argent et pauvreté
L'image que nous cherchons à renvoyer aux autres
Le *seihin*, renversement du sens
des valeurs contemporaines
Ces rebelles silencieux...

LE TYPE DE BONHEUR AUQUEL LA SOCIÉTÉ NOUS FORMATE

La réussite sociale, valeur-clé de notre monde moderne

> « Qui fait parade de lui-même est sans éclat. »
> LAO-TSEU, *TAO-TE-KING*

La société de consommation utilise un luxe de moyens pour nous convaincre que la seule compétence qui vaille est de savoir gagner de l'argent ou de vivre comme les personnalités du showbiz, les hommes politiques médiatiques et autres fortunés. Être content de son sort et sans ambition est, à ses yeux, une faiblesse inadmissible, incompréhensible : à notre époque, seul semble exister ce qui se montre, se voit et se déploie devant le regard de la multitude. Le secret du vrai bonheur est pourtant bien ailleurs. En quoi cela serait-il honteux de préférer vivre comme Mimi Pinson ou Mon oncle (Jacques Tati) ? Pourquoi ne pas revenir un peu au passé, aux petites maisons d'ouvriers (les mieux conçues et les plus confortables qui aient jamais existé) ou à un petit studio bien aménagé et confortable si l'on vit seul ?

Les pièges de la société

> « Oh, Maxime ? Oui, tout va bien pour lui, il a réussi dans la vie : une grande maison, quatre beaux enfants… »
> PROPOS POPULAIRES

Nous recevons de nos parents notre éducation, notre culture, des doctrines et des théories qui peuvent ne pas être objectivement vraies mais que nous adoptons comme telles parce « c'est comme ça ». Rares sont ceux qui décident de ne pas vivre comme tout le monde. Plus rares encore sont les individus capables d'échapper à la culture dont ils sont issus et dont ils ont hérité les croyances et les règles. De surcroît, nous réalisons à peine que les systèmes politiques et économiques déploient d'énormes moyens pour nous empêcher de nous débrouiller seul et nous faire croire qu'il est beaucoup plus important de gagner sa vie que de la vivre, de compter sur les services d'autrui (une femme de ménage, un conseiller bancaire, une épouse qui « cuisine » bien et « aime » faire le ménage, les courses et la lessive…) que de faire un maximum de choses soi-même, et que la sûreté de l'emploi puis de la retraite donne un sens suffisant à l'existence humaine. Le symbole du bonheur réside dans la possession sacralisée, bien sûr, par une « belle maison ». Les crédits ne sont-ils d'ailleurs pas faits pour cela ? Quel banquier vous conseillera d'acheter un appartement plus petit que celui dont vous rêvez afin de réduire le temps de vos années de remboursement par deux (et de payer deux fois moins d'intérêts…) ?

Mais il y a peut-être encore pire : la plupart d'entre nous ne réalisent même pas la liberté dont ils se privent.

C'est la société qui nous dicte notre bonheur

> « Je n'ai rien à voir avec ce système, pas même assez pour m'y opposer. »
> WALT WHITMAN, *FEUILLES D'HERBE*

Le monde économique a intérêt à nous rendre dépendants. Plus une personne vit dans une grande surface, plus ses besoins sont importants : plus d'entretien, d'aménagement, de travaux… La notion de besoin se confond avec celle de plaisir. Médias et publicité jouent un rôle capital dans la transmission de ces valeurs standards, nous indiquant le chemin à suivre, une image du bonheur « de masse » : atteindre tel ou tel idéal de beauté physique, trouver par tous les moyens l'amour, posséder certains objets – un Smartphone, un four à micro-ondes, un aspirateur robot – afin de ne pas passer pour un « demeuré » ou un « ringard »… Mais nous réalisons mal que c'est en nous fondant dans un tel système, en y adhérant que nous perdons conscience de notre particularité face à ces modèles imposés. Nous vivons comme des enfants auxquels on dit ce qu'il faut faire et qui sont constamment guidés dans leurs choix. Nous sommes pourtant parfaitement capables de nous autogérer sans toutes sortes de services extérieurs. Il suffirait pour cela de prendre le chemin menant vers l'autonomie.

Sortir des chemins tracés par une société de masse

> « Ma joie, légère comme une bulle, a percé les nuages. »
> PARAMAHANSA YOGANANDA,
> *AUTOBIOGRAPHIE D'UN YOGI*

Si la démesure de la richesse et son prétentieux matérialisme fascinent un moment, ils deviennent insupportables à la longue. Nous pouvons, de nos jours, nous vêtir proprement et nous nourrir correctement pour une somme d'argent raisonnable. Nous pouvons vivre confortablement sans voiture (ou grosse voiture). Nous pouvons habiter un appartement plus petit. C'est en changeant notre attitude envers la vie en général et en modifiant notre sens des valeurs en particulier que nous pourrons évoluer et ne plus nous soucier du regard des autres. Pour échapper à l'autorité du gouvernement et ne pas lui être soumis, la seule solution est de sortir des chemins tracés pour une société de masse. L'achat d'un toit à soi, même s'il ne se concrétise que par quelques mètres carrés, est l'une des rares portes ouvrant sur l'indépendance.

Les conséquences de l'économie sur l'habitat

> « Quel est le meilleur gouvernement ? Celui qui nous enseigne à nous gouverner nous-mêmes. »
> GOETHE

Dans son ouvrage *Tokugawa religion*, publié dans les années 1950, Robert Bellah décrit déjà les méfaits de la civilisation moderne et leur impact sur nos vies. Autrefois, au Japon comme dans bien d'autres pays, explique-t-il, le logis traditionnel, bien que minuscule, n'en était pas moins une œuvre d'art qui comprenait un jardin (deux mètres carrés suffisaient) permettant à chacun de participer aux rythmes de la nature. La destruction de ces petites maisons et la construction de grands immeubles modernes ont fait disparaître le jardin, remplacé par des parkings payants. Les plus chanceux ont peut-être un balcon et des fleurs. Maintenant que les enfants ont une chambre, une télévision et un ordinateur à eux, ils apprennent que l'accumulation des choses est ce qui donne un sens à la vie. Dans la pièce à vivre, l'autel des ancêtres, de moins en moins présent, fait place à la télévision. Chaque habitant devient complètement étranger à ses voisins. Le coût de l'immobilier à Tokyo – tout comme dans la plupart des grandes villes du monde – ne permet plus à une famille de classe moyenne de conserver ses valeurs traditionnelles. Conclusion ? L'accumulation incessante de richesses ne mène pas à une bonne société. Elle la mine au contraire et la rend de plus en plus invivable. L'ouvrage éclairé de Robert Bellah se révèle être malheureusement de plus en plus d'actualité au fur et à mesure que les années passent…

ARGENT ET PAUVRETÉ

Qu'est-ce que la pauvreté ?

> « Ascètes par excellence, les Bédouins tirent satisfaction de l'austérité même de leurs vies et dédaignent des commodités que d'autres jugeraient essentielles... Dans le désert, ils vivaient sous la tente et dans les villages, ils habitaient des pièces vides, sans le moindre meuble. Ils n'avaient aucun goût pour le luxe et les raffinements. La plupart d'entre eux se contentaient du strict nécessaire ; il leur suffisait d'avoir de quoi manger et de quoi boire, de quoi s'abriter du soleil et du vent, d'avoir des vêtements, des armes, quelques casseroles, des tapis, des outres, et, naturellement des selles et des sacoches. C'était une vie de noblesse, sans douceur aucune. »
> WILFRED THESIGER,
> *LE DÉSERT DES DÉSERTS*

Richesse et pauvreté sont des concepts relatifs. Plusieurs sortes de pauvreté pourraient être répertoriées. Bien sûr, il y la pauvreté matérielle (faim, maladie, absence d'un abri...), mais il ne faut pas oublier certaines autres formes de pauvreté qui, elles, progressent à grands pas. Citons entre autres la pauvreté intellectuelle (illettrisme, éducation et vie de l'esprit quasi inexistantes, absence d'activités intellectuelles...) et la pauvreté spirituelle (absence de sens du mystère, de l'élévation de l'esprit…). Sont pauvres également ceux qui restent insensibles à la beauté (aux arts en général), à la nature, à certains sites urbains, à certaines cérémonies, à la beauté du cœur, ainsi que ceux qui n'ont pas d'amis ou de relation centrale dans leur vie. Matériellement, certains pays d'Afrique sont pauvres ; ils manquent d'eau potable ou de nourriture, certes, mais ils mènent une vie communautaire et religieuse très riche. Ils gardent leurs parents âgés chez eux et n'ont pas de « maisons de retraite ». Aux États-Unis, les pauvres sont les travailleurs manuels des champs, les vendeurs de rue souvent issus du milieu de la drogue, des gangs et de la prostitution, ou encore des gens sans parents, sans personne au monde sur qui compter. Vivre dans un petit logis n'est donc pas signe de pauvreté. Loin de là !

La vraie richesse

> « Nul ne peut vous faire sentir inférieur sans
> votre consentement. »
> ÉLÉONORE ROOSEVELT

La vraie richesse, c'est savoir mener sa vie de façon harmonieuse et équilibrée, se contenter de revenus modestes pour travailler moins. C'est se créer une vie riche autant sur le plan esthétique, intellectuel et spirituel que social. C'est apprécier une existence sans grandiloquence, sans falbalas, sans idées superflues, sans la prétentieuse attitude d'avoir le sentiment d'être « parvenu » et de brandir à tous vents sa carte de visite aux titres pompeux. C'est une façon de vivre avec élégance et naturel, sagesse et mesure, sans soucis, sans poids excessif, sans ostentation, ni prétention, ni autosuffisance. C'est vivre comme un parfait taoïste : Tchouang-tseu ne critiquait-il pas avec virulence l'homme qui considère que la réussite sociale est un signe d'intelligence et l'échec social un signe de stupidité ? Que le succès est un honneur et l'insuccès une honte ? Il est tellement plus aisé de vivre en étant « transparent », « neutre » et « banal », de porter des jeans et de loger dans un petit endroit sympathique sans avoir à prouver à qui que ce soit quoi que ce soit que de passer sa vie à tenter d'être autre chose que ce que l'on est ! Le bonheur, c'est ici et maintenant qu'il se trouve, et non dans les plaisirs mondains, l'argent dépensé pour paraître, la notoriété, une grande maison ou… le regard des autres !

Et si le bonheur n'était qu'affaire de génétique ?

> « Je vis à l'aise, n'ayant rien à envier aux palais…
> La tenture tirée, le sol balayé, la journée
> je brûle de l'encens.
> Là est ma richesse… »
> LU YU, *L'EXTASE DU THÉ*, POÈMES

En 1974, l'économiste américain Richard Easterlin publia un article resté célèbre : il soulignait que bien que le revenu brut par habitant ait, entre 1945 et 1970, augmenté de 60 % aux États-Unis, la proportion des personnes s'estimant heureuse (40 %) n'avait, elle, absolument pas fluctué. Autrement dit, ni la hausse des revenus ni le confort matériel n'avaient eu d'impact sensible sur la satisfaction et la joie de vivre. Des milliers d'études sur le bonheur ont parallèlement révélé qu'il existe une prédisposition génétique à être heureux (ou malheureux), et que les conditions extérieures (cadre géographique, milieu social, statut marital, richesse ou pauvreté…) exercent à cet égard une faible influence.

L'image que nous cherchons à renvoyer aux autres

Nous ne connaissons bien une personne que lorsque nous avons visité son intérieur

> « Pendant les six premiers mois, je n'avais dit à personne, même pas à mes parents, que nous vivions dans une minuscule maison. J'avais peur de leur réaction. »
> LA PROPRIÉTAIRE AMÉRICAINE D'UNE TOUTE PETITE MAISON

Plus que tout discours, que son apparence vestimentaire ou sa situation sociale, c'est le lieu de vie d'une personne qui exprime le mieux qui elle est. Car tout, chez elle, est à son honneur ou la « trahit » : le type de meubles et d'objets dont elle s'entoure, l'encombrement ou l'ordre qui règne chez elle, le soin, l'aisance ou le naturel et la spontanéité avec lesquels elle reçoit, ou bien, au contraire, sa nervosité, ses manières coincées, bourgeoises parfois… C'est l'ensemble de ces éléments qui reflète ses valeurs, ses goûts, son conformiste ou son non-conformisme, sa générosité ou… son souci des apparences. On connaît tellement mieux une personne en ayant passé une heure chez elle qu'en l'ayant fréquenté dix ans à l'extérieur !

Lorsque l'on sait qui l'on est, on n'a plus rien à prouver

> « Une oie blanche n'a pas besoin de se baigner
> pour être blanche ; et nous n'avons pas besoin
> de faire quoi que ce soit pour être nous-mêmes. »
> LAO-TSEU, *TAO-TE-KING*

Votre vie est imparfaite, votre appartement trop petit et un peu délabré ? Eh bien sachez qu'il ne vous est pas nécessaire de vivre dans un palais pour regagner votre dignité. La dignité humaine ne dépend pas du compte en banque. Les riches peuvent dépenser d'énormes sommes d'argent pour donner à leur foyer une apparence somptueuse, mais ce luxe est bien souvent artificiel. Le vrai luxe, lui, n'est ni « palpable » ni matériel. Le luxe authentique, c'est vivre libre. Libre du qu'en-dira-t-on. Libre des conventions sociales. Libre d'être soi. Libre d'adhérer et de mettre en pratique ses propres valeurs. Et puis, quelle que soit la modestie d'un habitat, il est toujours possible d'y infuser élégance et goût, deux qualités ayant très peu à voir avec l'argent. Les intérieurs décorés de façon impersonnelle par des professionnels manquent de « vérité », d'authenticité, de caractère et de pittoresque. Ils ne reflètent ni la personnalité ni l'originalité de leurs occupants.

Au diable le « qu'en-dira-t-on »

> « Regarde à tes propres pieds. »
> PRÉCEPTE ZEN

Être heureux, c'est ne dépendre de rien ni de personne : ni d'un patron hautain et indifférent, ni d'un conjoint désagréable, ni d'une image de soi qui ne « colle » pas avec celle d'un milieu que l'on fréquente par habitude… Être heureux, au contraire, c'est vivre libre. Libre d'être maître du lieu que l'on occupe, libre de choisir ses amis et ses relations (non dans le but de se forger un réseau social ou un carnet d'adresses mondain, mais pour s'enrichir humainement, affectivement). Au fil de notre vie, nous revêtons toutes sortes de vêtements : ceux, somptueux, d'une reine, les loques d'un mendiant, la tunique d'un moine, le costume d'un directeur… Mais sans ces vêtements, qui sommes-nous ? Ce n'est qu'en se dépouillant de ces déguisements que l'on peut découvrir qui l'on est et trouver le mode de vie et l'habitat qui nous correspondent vraiment.

Pour être plus heureux, il faut modifier sa perception de la vie

> « Si votre quotidien vous paraît pauvre, ne l'accusez pas. Accusez-vous vous-même de ne pas être assez poète pour appeler à vous ses richesses. »
> RAINER MARIA RILKE,
> *LETTRES À UN JEUNE POÈTE*

Regard porté sur le monde, croyances, pensées… la vie est un grand zigzag qui invite à considérer toute chose comme relative. Notre société, cependant, s'efforce de rejeter cette non-linéarité. Résultat ? La triste perspective de finir comme un heureux retraité dans un cossu pavillon de banlieue. Nous pouvons cependant, si nous le souhaitons, rejeter l'idée d'une telle échéance. La réussite professionnelle, un « bel appartement » ou un cossu pavillon de banlieue n'ont pas à être le but d'une vie, ni l'image du bonheur. Le confort d'un grand espace peut ne pas valoir une vie remplie d'amis, de voyages, d'expériences, de lectures, de curiosité pour tout, de légèreté et de fantaisie dans une habitation aux dimensions modestes. L'argent n'est pas seulement fait pour acheter des biens matériels. En vous demandant sérieusement de quel espace vous avez besoin, vous découvrirez peut-être que vivre plus simplement vous permettrait d'assouvir de nouvelles passions.

Le bonheur ne dépend ni de nos revenus ni du nombre de mètres carrés que nous occupons

> « Une porte fermant à clé, un feu en hiver, une bonne pipe bien remplie, c'était là l'essentiel… C'était à Islington, non loin de City Road ; ma fenêtre donnait sur le canal du Régent. Chaque fois que j'y pense, je revois ce qui fut peut-être le pire brouillard que j'ai connu à Londres. Pendant au moins trois jours consécutifs je dus garder ma lampe allumée… Étais-je malheureux ? Nullement. Le voile de ténèbres semblait rendre mon coin de feu encore plus intime. J'avais du charbon, de l'huile et du tabac en quantité suffisante ; j'avais un livre à lire ; j'avais aussi du travail qui m'intéressait…

> Quelles n'eussent pas été ma surprise et mon indignation si j'avais su qu'on me plaignait ! »
> GEORGE GISSING,
> *LES CARNETS D'HENRY RYECROFT*

Se débarrasser du désir de paraître, avoir assez de lucidité et de personnalité pour ne plus se laisser formater selon les images de ce bonheur lié à la consommation de masse mène à cette vérité : au-delà de toutes sortes de désirs fractionnés réside en chacun le besoin fondamental d'un monde transparent et naturel. Un monde dans lequel l'énergie ne se dissipe jamais en conflits sans importance ni en calculs mesquins. On découvre alors qu'à se défaire de tout ce qui avait été acquis uniquement pour prouver son statut social, on devient immensément riche : on peut vivre en accord avec soi-même et rester maître de ses opinions ou de ses choix sans se soucier du regard des autres. C'est peut-être cela, le secret du bonheur. Angelina Jolie, au cours d'une interview, expliquait que la vie « ordinaire » la faisait rêver. Si ces paroles m'ont autant frappée, c'est qu'elles ne pouvaient, sortant de la bouche d'une actrice aussi célèbre, qu'être éminemment sincères.

Un film japonais au titre oublié mais au message inoubliable

> « Ceux qui goûtent la joie de vivre ne sont pas pauvres. Ceux qui cultivent un corps épanoui ne s'encombrent pas de richesses. »
> LIE TSEU, *TRAITÉ DU VIDE PARFAIT*

Me revient souvent en mémoire un film japonais dont le titre m'a échappé. C'était l'histoire actuelle d'une jeune Japonaise, ni belle ni laide, occupant un de ces appartements modestes construits il y a une cinquantaine d'années et ne comportant qu'une petite pièce à vivre, un coin cuisine et une salle d'eau. Ni ascenseur, ni conciergerie, ni vidéosurveillance, comme on en trouve dans la plupart des immeubles récents. Cette jeune fille menait une vie très rangée, très ordinaire : le matin, elle faisait sa lessive, prenait son petit déjeuner, préparait son bento et partait au bureau. Un jour, un riche prestataire se présente à son entreprise et tombe amoureux d'elle, réitérant des invitations qu'elle s'obstine à refuser : il ne lui plaît pas spécialement. De plus, il appartient à un milieu différent. Elle finit pourtant, un beau jour, par accepter une soirée avec lui. Faiblesse ? Curiosité ? Pitié ? Il vient la chercher avec sa Jaguar couleur caviar mais, avant d'aller au restaurant, s'arrête devant une boutique de vêtements pour lui offrir une robe longue. On l'a deviné, de toute la soirée, elle ne se sentira à l'aise ni dans sa tenue, ni dans l'ambiance luxueuse du restaurant. Leur relation dure cependant quelques semaines. La jeune fille parvient finalement à le quitter. La scène suivante la montre sortant de chez elle pour une promenade à vélo, accompagnée de son nouveau voisin, un livreur de journaux dont elle est tombée amoureuse.

Le bonheur était donc pour cette jeune fille tout simplement une vie tranquille. Luxe, promotions sociales, passion amoureuse, rien de cela ne l'intéressait.

J'ai adoré ce film pour sa sérénité, sa discrétion et la pudeur des sentiments. Pourquoi, en effet, si l'on est heureux avec la vie que l'on mène, quelque modeste qu'elle soit, vouloir en changer ? Pourquoi vouloir toujours plus ? Qu'y a-t-il de plus précieux que l'absence de déplaisir à tout simplement étendre son linge, préparer ses repas ou aller au travail ? Et qu'y a-t-il de plus précieux qu'une vie sans tracas ni excès ? Le *seihin*, version moderne, ne serait-il pas un peu de tout cela ?

Le seihin, renversement du sens des valeurs contemporaines

Définition du seihin

> « Un petit sac ne peut contenir un grand objet.
> Une corde trop courte n'atteint pas le fond du puits.
> Chaque chose a sa propre valeur. »
> LAO-TSEU, *TAO-TE-KING*

« *Hin* », en japonais, signifie pauvreté ; « *sei* », honorabilité, droiture, honnêteté. De même qu'il a fait du dénuement une esthétique (concept du *wabi*), le Japon a érigéla pauvreté en un style d'existence, une éthique. Le XIXe siècle en a même fait un culte visant à atteindre la perfection dans la mesure, l'authenticité, la sobriété et la réserve. Le gouvernement de l'époque déploya alors tous les moyens en son pouvoir pour faire comprendre au peuple que ses pires ennemis étaient l'artificiel, l'outrance, le prolixe, le superbe, la richesse et l'ostentation. Se nourrir, s'habiller, se loger simplement et avec économie était alors considéré comme vertueux, pur et esthétique car… limpide. Le gouvernement interdisait entre autres le port de kimonos luxueux (c'est ainsi que l'on trouve aujourd'hui, dans les marchés d'antiquité, des vestes de kimono dont la doublure est peinte d'extravagants et magnifiques motifs) ou le moindre affichage d'opulence sur la façade

de son domicile. Les riches propriétaires risquaient même une amende s'ils laissaient entrevoir le plus petit signe de fortune : les valeurs économiques de l'époque consistaient en effet à ne pas chercher à s'enrichir ou à acquérir des biens mais à atteindre les meilleures performances dans son travail et sa façon de vivre avec un minimum de dépenses. Se satisfaire d'aussi peu que possible était alors un idéal.
On se demande de nos jours ce qui a fait du Japon un tel modèle de civisme et de puissance économique. C'est, je pense, ce goût pour le seihin qui demeure au fond du cœur de chaque Japonais. Malheureusement, la folie du monde des finances et sa passion du luxe ont fait de ce mouvement un trésor oublié. Il serait pourtant si facile de retrouver sa grandeur en réduisant tout simplement ses désirs à ses besoins ! Le seihin n'a rien à voir avec la politique. Il est une affaire de conscience morale, une économie éthique.

Concrètement, qu'était-ce que le **seihin** ?

> « Respecte le passé. Le passé est toujours la source mystérieuse d'où naît le futur. Il est la lumière qui éclaire la route incertaine du futur. »
> KAFÛ NAGAI

Il suffit d'observer les personnes âgées du Japon, mais également toutes celles des anciennes générations de presque chaque pays, pour en retrouver des traces : se montrer aussi discret que possible dans son attitude, sa tenue, sa présence, toujours faire sentir à l'autre, quelle que soit sa position sociale, qu'il est plus important que soi, ne remplir son estomac qu'à huit dixièmes, ne pas exhiber ses possessions, ses richesses ou ses titres, ne rien gaspiller, ne jamais importuner les autres par une personnalité trop présente ou trop bruyante, faire un maximum de choses sans avoir recours à l'argent… Bon nombre de personnes âgées, au Japon, lorsqu'elles prennent un repas au restaurant, demandent à ce que leur bol de riz (servi gratuitement, comme le pain, en France) ne soit rempli qu'à moitié. Chez elles, tout est utilisé jusqu'à usure complète. L'eau, l'électricité sont soigneusement économisées, et ce, moins par souci d'économies que par « conscience morale ». Lorsqu'elles deviennent veuves, les femmes se font « toutes petites » pour occuper une chambre exiguë chez l'un de leurs enfants ou, si elles n'ont pas d'enfants, déménagent dans un appartement minuscule. Habiter dans plus grand ne serait, pour elles, que pur gaspillage.

Quelles étaient les » compensations « du seihin ?

> « Au-dehors la neige
> Et au-dedans noire de suie
> Telle est ma demeure. »
> KOBAYASHI ISSA, HAÏKU

L'un des aspects les plus fascinants de la culture japonaise est cette aptitude qu'ont les Japonais à contrôler leur vie en dissociant parfaitement le quotidien et sa rigueur (absolument dénués d'états d'âme et de sentiments) de moments privilégiés, à part, enclavés dans certaines limites et consacrés aux émotions esthétiques. L'expression de ces émotions, alors qu'elle est inacceptable au quotidien, éclate avec force lors d'occasions spéciales comme la cérémonie du thé, une pièce de théâtre (rires, pleurs), un repas raffiné dans un bon restaurant et même certains moments partagés avec passion (amour, amitié). Si ces moments sont nécessaires, ils doivent cependant être « contenus », considèrent les Japonais, à l'intérieur de limites autorisées dans le temps et l'espace. Selon le seihin, l'hédonisme – le plaisir – est l'essence de l'égoïsme et par extension source de vice. Le seihin était tellement ancré autrefois dans la société qu'il en changea les valeurs. Habiter une maison luxueuse et spacieuse fut, à une certaine époque au Japon, le fait de gens méprisables (car sans retenue) alors que se contenter d'un espace modeste était une marque de distinction et de noblesse. Faire montre de sa richesse pour « écraser » les autres était, de plus, considéré comme parfaitement immoral, de mauvais goût et vulgaire.

Désirer vivre de façon modeste est une esthétique

> « Lorsque les résidents sont modestes, la maison est bien assez grande. »
> PROVERBE SERBE

Les Japonais ont eu l'art d'exalter une forme d'esthétique à partir de la vie pauvre. Une beauté qui transmua la pauvreté de l'existence dans un lieu exigu et humble en richesse. Le seihin a prouvé que l'on peut faire du petit, du pauvre, du modeste, quelque chose de grand, d'abondant et de beau. L'important est de savoir que le pauvre et le petit ne sont en réalité ni pauvres ni petits. Avoir de quoi dormir, manger, posséder une ou deux malles d'objets personnels et se contenter avec bonheur d'un tout petit logis, voilà ce qui pourrait, si tout le monde acceptait de vivre ainsi, être le chemin vers un meilleur avenir. Se libérer des chaînes du consumérisme et du regard des autres, se passionner pour un goût de l'ordinaire, voilà ce qui représente, en fait, le summum d'une esthétique de l'existence : l'absence de soucis et des besoins réduits. Quel bon usage les gouvernements ne feraient-ils pas de leurs revenus s'ils arrivaient à convaincre ne serait-ce que le cinquième des populations que vivre frugalement est loin d'être un déshonneur mais constitue au contraire la voie d'une vie tranquille et belle ! Que d'argent pourrait être économisé en énergie, sous forme de chauffage, par exemple, si l'on vivait dans plus petit et utiliser ces sommes pour améliorer l'éducation ou fournir plus de personnel aux hôpitaux… !

Ces rebelles silencieux…

Les vrais marginaux

> « Extraordinaire vagabond qui n'a besoin de rien, car, il l'avoue ingénument, il peut dormir en plein air sans se soucier de rosée ou de gel, et jeûner plusieurs jours de suite ou se contenter de l'abri d'un vieux mur ou d'un arbre mort et, après avoir brûlé des détritus avec un peu de gras, y promener son pinceau pour prendre des notes. »
> XU XIAKE, *RANDONNÉES AUX SITES SUBLIMES*

Les vrais marginaux font peur à la société. Vivre dans douze mètres carrés discrédite : « Il est pauvre, il a raté sa vie… » Tout en étant dans le fond enviés, ils inspirent souvent une immense hostilité. Car eux n'ont besoin de rien. Surtout pas d'appartenir à un collectif. Nous les devinons bien plus forts que nous : ils prennent les choses comme elles viennent, ne dépensent leur énergie que lorsque cela leur est nécessaire, sont sereins et, surtout, n'ont besoin de rien ni de personne. Ils parviennent à trouver des compensations dans ce qui apparaît généralement comme le plus grand des malheurs. Ce ne sont pas des gens ordinaires et on leur en veut pour cela : ils ont réussi à réduire leurs besoins et à cultiver la tranquillité, à calmer leur esprit pour vivre n'importe où, même dans une ville bruyante, même dans un minuscule local, sans courir après la gloire ou la fortune.

Le regard des excentriques sur le monde

« Le 1er jour du 2e mois
Dans la pluie et le froid
Les fenêtres sont toutes bien calfeutrées,
  les portes fermées
Une tasse de thé dans la petite chambre,
  face au poêle
Je me réchauffe.
Qu'on ne balaie pas les flaques d'eau dans la cour
J'aime regarder les gouttes
De pluie y faire des ronds. »
YANG WANG-LI

Notre époque n'est certainement pas la seule à être en partie composée d'individus ayant choisi de vivre en marge de la société et refusant son conformisme. L'époque japonaise d'Edo eut de même sa vague de poètes, ermites et autres personnages aussi excentriques qu'extravagants. Des marginaux qui allaient, comme nous l'explique François Lachaud dans son écrit *Le Vieil Homme qui vendait du thé*, influencer en profondeur la culture de leur temps en se détachant de la norme et en rejetant les valeurs communes pour devenir les nouveaux héros du non-conformisme. Nombre de moines, poètes, artistes se retirèrent à cette époque du monde afin de s'adonner à des divertissements raffinés tels que l'encens, le thé ou la calligraphie. Certains des ouvrages qu'ils publièrent allaient même jusqu'à décrire dans le détail la façon d'organiser son « studiolo » (quels endroits choisir pour son habitat, quel papier employer pour ses écrits, quels ustensiles utiliser pour le thé...). Mais ces excentriques étaient loin d'être des dilettantes. Ils voulaient d'abord se redéfinir en tant qu'individus uniques et non se fondre dans la masse, quitte à se couper du monde et à se retirer dans l'isolement, l'inconfort et les rigueurs de la pauvreté. Ils souhaitaient porter un regard juste sur leurs contemporains pour ne pas tomber dans l'illusion d'un faux bonheur et d'une vie vide de sens. Ce mode de vie n'a pas disparu. De nos jours encore, au Japon, l'individualisme est considéré comme une forme d'excentricité.

Le secret des excentriques ? Passer pour des fous

> « Quelle chose merveilleuse que la véritable personnalité de l'homme – quand elle sera à notre portée ! Elle évoluera naturellement et simplement, comme une fleur... elle saura tout et pourtant ne se préoccupera pas de connaissance. Elle sera pleine de sagesse ; sa valeur ne sera pas mesurée en fonction de biens matériels. Elle ne possédera rien et pourtant elle possédera tout, et elle continuera à posséder ce qu'on lui aura pris, tant elle sera riche. »
> OSCAR WILDE

Le secret, pour ces excentriques, était d'affecter la folie et de pouvoir ainsi vivre à leur guise. La société n'accorde en effet ni valeur ni légitimité aux fous ; elle les laisse de côté. Les plus fortunés n'hésitaient donc pas à dilapider leur fortune pour s'adonner à une passion, un art ou un mode de vie particulier, mais ils veillaient alors à se consacrer pleinement à cette passion, seule et véritable source de saveur et de transcendance du monde capable d'ouvrir les portes d'un espace immense et profond : le soi. Cette stupidité qu'ils affichaient était en réalité synonyme de liberté et, par là, d'individualisme et d'intelligence. Ils savaient par exemple rester sobres au milieu d'une assemblée de personnes ivres et prenaient grand soin de sortir, par leur attitude « normale », précisément, de la normalité. Plus que la masse des gens ordinaires, ils se consacraient à la bienveillance, à la loyauté et à la piété filiale. Et bien sûr, ces anachorètes idéalisèrent, à travers leurs œuvres, la modestie des lieux qu'ils occupaient. Ils avaient réussi à renverser complètement les valeurs de la société et à faire de leur pauvreté… une richesse.

Quand la passion du thé devient une éthique…

> « Dussé-je porter l'habit monastique et recevoir ainsi les dons des gens me considérant digne d'éloge, j'en serais tout contrit de honte, c'est pourquoi j'ai choisi de prendre l'apparence d'un laïc… Depuis toujours, je fus pauvre et, ayant traversé ces dernières années en me contentant de vendre du thé pour vivre, je n'ai jamais eu la moindre envie de prendre femme ou de manger du poisson. Mon cœur ne s'est jamais attaché

> aux choses de ce monde flottant, j'ai pérégriné
> et erré sans me fixer en nul lieu précis. Mais, à
> la capitale, nombreux sont les endroits où la
> forme des monts, le cours des rivières
> retiennent mon cœur, c'est pourquoi mes pas
> s'y sont arrêtés. »
> FRANÇOIS LACHAUD,
> *LE VIEIL HOMME QUI VENDAIT DU THÉ*

Baisao, comme le décrit François Lachaud, fut l'un de ces « excentriques ». Bonze zen du XVIIIe siècle, il représente cette classe de prophètes excentriques qui firent de leur passion un mode de vie et une éthique. Bien qu'il eût acquis une renommée dans le monde du zen, il détestait l'affectation des bonzes puissants de son époque chez lesquels l'étalage frivole des biens tenait lieu de vertu et de degré d'avancement dans la pratique. Il abandonna donc sa robe et il s'installa sur le bord des chemins, dans les environs de Kyoto. Tout en offrant aux passants une tasse de thé en échange d'une éventuelle piécette, il leur parlait de la voie du thé, pratique zen par excellence. Pour lui, loin d'être une simple boisson, le thé était un chemin d'accès à la connaissance de soi et le miroir d'une foire de la vanité humaine empêchant l'intériorité et le détachement. Il invitait chacun à cette même « vie heureuse » si chère à Sénèque. Par son mode de vie, il voulait faire revivre l'esprit spartiate des samouraïs en préconisant l'économie et la frugalité. Il évitait la politique et recommandait la méditation quotidienne, afin de débarrasser son cœur de tout égoïsme et de renforcer sa volonté et sa concentration. Enfin, il conseillait de faire passer l'intérêt de sa propre personne après celui des autres et de toujours se servir en toute petite quantité. Au contraire des religions, il ne demandait pas aux hommes de se transcender mais de rester tout simplement humain. Que de raffinement et d'élégance dans ce mode de vie encourageant les autres à surmonter les rigueurs de la pauvreté et les désillusions sociales, à conserver un esprit droit et une attitude « correcte » ! De tels excentriques sont, sous leurs dehors de pauvreté et de folie, des maîtres non seulement de sagesse mais aussi de bonté !

3

PETITS ESPACES ET SOLITUDE

Le besoin de solitude
Les amoureux de la solitude
Différentes petites demeures pour solitaires invétérés
Ce que symbolise l'étroitesse de l'habitat pour les solitaires
Couples, familles et solitude

Le besoin de solitude

La solitude : fatalité, besoin ou choix

> « De la poussière dans les yeux, le monde
> multiple est trop étroit. L'esprit vacant,
> un coussin est assez large. »
> Musô Soseki

La quête de la solitude remonte aux temps les plus anciens de l'histoire humaine. De Lao-tseu à Bouddha, des Pères du désert aux premiers ermites celtes, en passant par Rousseau ou Henry David Thoreau et, plus près de nous, Thomas Merton, il y eut toujours des hommes et des femmes prêts à rompre avec la civilisation matérialiste pour partir en quête de simplicité et de sagesse spirituelle. Ils ont pris la route pour trouver la solitude. Certes, la solitude n'est parfois pas choisie, comme c'est le cas lors d'une rupture, d'un décès ou d'obligations professionnelles. Elle n'est alors que fatalité. Mais même dans ce cas, un petit espace à soi, minuscule, peut aider : on s'y sent moins seul. Chez d'autres, la solitude est tout simplement un besoin, celui d'échapper à la promiscuité étouffante : quelques mètres carrés leur suffisent alors.
Quoi qu'il en soit, la solitude est un thème universel et fondamental en ce qui concerne le développement personnel. Mais elle devient de nos jours, sauf pour ceux qui ne l'ont pas choisie, un luxe. Où la trouver ? Qu'il s'agisse

d'un petit pied-à-terre en ville (les hommes ont longtemps eu des garçonnières, pourquoi les femmes n'y auraient-elles pas droit, elles aussi… ?), d'une « chambre à soi » (Virginia Woolf nous en convainc) hors du logis familial ou d'un cabanon, chacun devrait avoir un coin à lui où il peut se retrouver seul, sans avoir aucun compte à rendre à quiconque. Même les enfants devraient avoir un coin à eux pour être seuls, lire, jouer et « digérer » les multiples émotions qu'ils ont vécues au cours de leur journée. Malheureusement, la société ne fait rien pour encourager la solitude. Au contraire, elle la tourne en malédiction, en un mal auquel il faut remédier si l'on veut être heureux. Mais sans la solitude, sans un endroit à soi pour la vivre, il est impossible d'aller au fond de soi.

Un espace à soi pour assouvir son besoin de solitude

> « Dans les faits, l'existence d'une société dépend de la solitude personnelle et inviolable de ses membres. Toute société, pour être digne de ce nom, doit être constituée non pas de nombres ou d'unités mécaniques, mais d'individus. Or un individu se définit par sa capacité à être libre et responsable, notions qui à leur tour requièrent le maintien d'une certaine solitude intérieure, un sens de l'intégrité personnelle et la prise de conscience par chacun de sa propre réalité et de son aptitude à se donner à la communauté ou à refuser ce don. Lorsque les hommes ne sont plus qu'une masse d'êtres

> humains indéterminés, mus par des forces automatiques, ils perdent leur véritable humanité, leur intégrité, leur capacité à aimer et à s'autodéterminer. Et lorsqu'une société est constituée d'hommes privés de solitude intérieure, elle ne peut plus s'en remettre à l'amour pour assurer sa cohésion : c'est l'autorité violente et abusive qui sert alors de ciment entre les hommes. »
> THOMAS MERTON, *UN LIEU POUR L'ESPRIT*

Les abeilles se déplacent en essaims, les chats vivent en solitaire. Les hommes, eux, tiennent un peu des deux : ils ont besoin à la fois de compagnie et de moments à eux, seuls. Pour certains, la solitude représente un besoin vital. Qu'elle soit permanente ou temporaire, elle devient alors une bouée de sauvetage, car la société accapare tellement l'individu de toutes parts que certains en viennent à perdre complètement le contact avec eux-mêmes. Avoir un espace à soi où se réfugier de temps en temps, seul, loin de tout et de tous, peut être la solution à bien des tourments et des maux, qu'ils soient émotionnels, sociaux ou intimes. Car c'est seulement dans la solitude que nos « batteries » se rechargent réellement : il n'y a alors plus de « fuites » d'énergie en bavardages inutiles ou occupations futiles. Le mental peut enfin se poser. L'accès au silence et à la solitude dans un espace privé sont rares aujourd'hui et le seront de plus en plus dans le futur. Ils deviendront peut-être même, comme de l'air non pollué, le silence ou une alimentation naturelle, l'un des luxes suprêmes du futur.

Le besoin de devenir « complet »

> « Devant l'esprit apaisé, tout l'univers se soumet. »
> LAO-TSEU, *TAO-TE-KING*

Besoin de rechercher sans relâche l'illimité et le plus intense, besoin de devenir « complet » : ni les thérapies de groupe, ni les techniques pour améliorer l'estime de soi, ni l'inscription à une salle de sport, ni l'étude des relations interpersonnelles ne peuvent offrir cela. La seule solution pour se « retrouver » est d'avoir un endroit à soi, où l'on puisse être seul, afin d'effectuer une sorte de mise au point personnelle et de mieux voir comment faire face aux difficultés et aux divers choix que présente l'existence. Il est alors possible de redevenir soi-même, c'est-à-dire entier, complet et non la « moitié » d'un ou d'une autre, ou encore la fraction d'un groupe. Devenir complet devrait être notre but le plus important dans l'existence. Mais tout le monde ne peut en prendre conscience ; rares sont les individus qui s'octroient le temps et l'espace pour de telles introspections. L'homme qui ne pave pas sa vie de solitude ne découvrira jamais les véritables capacités de son propre intellect, écrivait Thomas de Quincey.

Un petit espace à soi pour trouver le silence

> « J'étais réconcilié avec le monde des rêves et des rêveurs, j'avais fait la paix avec le rêve lui-même. »
> JACK KEROUAC, *LES CLOCHARDS CÉLESTES*

Pour Carl Jung, le silence, c'est la fusion avec l'univers. Mais il y a encore mille autres raisons d'aimer le silence : il ouvre la porte à un havre de paix et de profondeurs intérieures ; il inspire, initie au temps présent, protège de mille excès tels que l'épuisement ou la suractivité. C'est dans le silence que nous puisons les ressources nécessaires pour nous consacrer aux autres et à nous-même. Seul le silence peut nous aider à voir clair en nous, à nourrir notre imagination, nos visions ou nos réflexions philosophiques, à nous faire renaître à nous-même. Ses bienfaits, tout comme ceux de la solitude, ne sont pas limités aux anachorètes, aux artistes ou aux philosophes, mais bénéficient à toute personne en quête d'elle-même. Le silence a néanmoins presque complètement disparu de notre quotidien : il est tellement contraire à la vie moderne ! Notre époque lui est hostile. Aujourd'hui, la plupart des personnes recherchent le bruit, l'animation, la promiscuité et ne peuvent s'en passer. Mais tout cela n'est que vacuité. Le silence nous est pourtant plus indispensable que jamais. Nous ne pouvons parvenir à une conscience sereine du moment présent que lorsque nous sommes seuls, à l'écart des hommes et du bruit.

Les artistes et leur besoin de solitude

> « Sur l'eau de mon thé
> Posé en guise de couvercle
> Un grand éventail. »
> KOBAYASHI ISSA

> « Les femmes ont eu moins de liberté intellectuelle que les fils des esclaves athéniens. Les femmes n'ont donc pas eu la moindre chance de pouvoir écrire des poèmes. Voilà pourquoi j'ai tant insisté sur l'argent et sur une chambre à soi. »
> VIRGINIA WOOLF, *UNE CHAMBRE À SOI*

Bien des individus hautement créatifs ne vivent aucune relation intime ou amoureuse et mènent cependant des vies très heureuses : ils ont la passion de leur métier ou un but plus important que tout dans leur vie. Ce n'est pas un hasard si la littérature, le cinéma ou la BD ont souvent mis en scène des héros solitaires qui, par leur indépendance, pouvaient aider les personnes en détresse et « sauver » l'humanité ! Tous les artistes ont été longs à conquérir leur liberté, à se découvrir, à devenir eux-mêmes. Tous ont vécu en retrait, concentrés, solitaires, à l'affût de ce qui se déroulait en eux. De manière générale, les créateurs ont besoin de solitude car ils vont chercher à l'intérieur d'eux-mêmes la matière pour leur œuvre. La plupart des philosophes, penseurs, écrivains ou mystiques ont cherché leur inspiration dans une vie de solitude. Pour écrire son *Discours de la méthode*, Descartes avait éprouvé le besoin de s'enfermer dans un « poêle » (petite pièce bien chauffée) et Montaigne ne quittait sa fameuse « librairie » qu'en de rares occasions. Michaux disait qu'il pratiquait la « science du retrait enchanté ». Schopenhauer passait ses vacances au coin d'un feu de bois dans une petite maison mesurant quatre mètres sur trois. Yeats, lui, écrivait qu'on ne peut profiter de la paix que seul et qu'alors on était capable de l'écouter « tomber goutte à goutte ». L'écrivain turc Orhan Pamuk, enfin, insistait sur la nécessité de « se retrouver dans une chambre pour se frotter à la foule de ses rêves ».

Les amoureux de la solitude

La solitude, un cadeau luxueux que l'on peut se faire à soi-même

> « … notre société libérale avancée exalte la compétition. Elle en fait même un “idéal moral”, un principe de fonctionnement. Elle voit dans la rivalité sociale la clé d'une meilleure efficacité, une image de la sélection naturelle où ce sont, soi-disant, les plus aptes qui survivraient. »
> ERIK SABLÉ, *SAGESSE LIBERTAIRE TAOÏSTE*

Les écoles, les institutions sociales, les professions d'aide à la personne et tout autre système de support de formation, de même que les institutions religieuses, ont très peu d'empathie pour la solitude. On incite les enfants à faire partie de clubs, de groupes. Les corporations font comprendre à leurs employés qu'ils doivent prendre leurs repas ensemble, communiquer, être aussi interactifs que possible. Rien, dans la société, ne nous encourage ou ne nous pousse à être seul. Car vivre seul permet d'échapper au système, de ne plus servir la société et ses intérêts tel un mouton. Et puis, l'existence du solitaire est deux fois plus insouciante que celle des autres. Peut-être est-ce pour cela que ceux qui ne peuvent vivre seuls jalousent, au fond d'eux-mêmes, les solitaires et taxent leur attitude d'anti conventionnelle et de marginale.

Lorsque la solitude est un choix de vie

> « La cabane est un terrain parfait pour bâtir une vie sur les fondations de la sobriété luxueuse. La sobriété de l'ermite est de ne pas s'encombrer d'objets ni de ses semblables. De se déshabituer de ses anciens besoins. Le luxe de l'ermite, c'est la beauté. »
> SYLVAIN TESSON, *DANS LES FORÊTS DE SIBÉRIE*

Les raisons sont multiples et parfois compliquées, mais une chose est certaine : il a toujours existé et il existera toujours, de par le monde, des êtres pour lesquels la solitude est un choix et une évidence. Chez certains, cela peut être un besoin primordial de transcender la société et les problèmes que pose toute relation humaine, chez d'autres cela peut être le seul moyen d'échapper au quotidien pour profiter de grands moments d'échappée dans l'imaginaire. Tous les solitaires affirment que seule la vie en solitaire permet non seulement de vivre loin des soucis du monde mais de jouir d'une tranquillité parfaite pour méditer, réfléchir et finalement parvenir à se transcender. L'une des autres caractéristiques communes à ces êtres est… le mode de vie qu'ils ont choisi avec, entre autres, l'étroitesse des lieux qu'ils occupent. Tant de grands hommes ont habité des petits studios en ville, des chambres de bonne ou des cabanes ! Pour eux, l'étroitesse des lieux est non seulement une commodité mais une forme de détachement, un renversement des valeurs et donc un symbole. Ah, qu'elles nous semblent magiques, ces petites demeures de grands hommes ! Certaines continuent de nous faire rêver après des siècles et des siècles. Il en a existé, en existe et en existera toujours, connus ou… inconnus ! En voici quelques-uns…

Différentes petites demeures pour solitaires invétérés

Le logis de l'ermite Kamo no Chômei (1153-1216)

> « Mon corps est comme un nuage à la dérive. Je ne demande rien, je ne veux rien. Ma plus grande joie est une sieste tranquille ; mon seul désir pour la vie est de contempler la beauté des saisons. »
> Kamo no Chômei

Moine bouddhiste japonais et ermite du début de l'époque Kamakura, Kamo no Chômei se retira à l'âge de soixante ans dans une montagne appelée Toyama et construisit lui-même sa petite hutte « pour les dernières feuilles de sa vie ». Là, seul, il médita sur les nombreuses calamités, naturelles et politiques, de son époque. Sa cabane mesurait à peine quatre mètres de long et trois mètres de large. Une tablette pour s'accouder sur le côté sud, un porche à l'ouest, sur une étagère au-dessus de la porte, trois ou quatre paniers en cuir, des livres de poésie et de textes sacrés, un koto pliable, un luth, un matelas de paille pour son lit… voilà ce qui lui suffisait pour vivre.

L'appartement de l'écrivain Eric Hoffer

> « Il était des livres dont j'avais un besoin passionné, des livres qui m'étaient plus indispensables que la nourriture. J'achetai le livre et l'emportai, et en dînant de pain beurré, j'en dévorai les pages du regard. »
> GEORGE GISSING,
> *LES CARNETS D'HENRY RYECROFT*

Eric Hoffer (1902-1983) fut fermier, fils d'émigré américain, chercheur d'or, laveur de vaisselle, marin « philosophe des docks » et autodidacte. Il est connu pour son livre *The True Believer.* Mystérieusement aveugle à l'âge de sept ans, il retrouva inespérément la vue à quinze ans. De peur que sa cécité ne revienne, il devint un avide lecteur pour récupérer toutes ces années d'école qu'il avait perdues. En tant que travailleur migrant d'un autre état vers la Californie, il détenait les cartes de bibliothèque de pratiquement tout l'État. Il les appelait « mes cartes de crédit ». Voici de quoi était rempli son petit appartement d'une pièce, paraissant à peine habité, au second étage de la rue Clay, à San Francisco : une étagère sur un mur remplie d'un assortiment éclectique de livres (histoire, philosophie, romans, écrits de Montaigne, le dictionnaire *Webster's Unabridged*), dans un coin, une table recouverte de cahiers de notes empilés, deux boîtes de cartes de bibliothèque, une table légèrement plus grande, une lampe d'étudiant, deux chaises en bois. Pas de tapis, pas de fauteuil, pas de téléphone, pas de cuisine (en déteste l'odeur, disait-il), seulement de l'eau bouillie pour le thé, un lit dans le placard, un poster accroché d'un mur à l'autre avec des punaises d'une femme en robe antique (une peinture des murs de Pompéi), un cadeau.

La cabane d'Henry David Thoreau à Concord

> « Je gagnais les bois parce que je voulais vivre selon mûre réflexion, n'affronter que les actes essentiels de la vie et découvrir ce qu'elle avait à m'enseigner, afin de ne pas m'apercevoir, à l'heure de ma mort, que je n'avais pas vécu… »
> HENRY DAVID THOREAU, *WALDEN*

Être en compagnie, fût-ce avec la meilleure, clamait Thoreau, est vite fastidieux et dissipant. Il se construisit dans les bois une petite maison mesurant 3 mètres de long sur 4,60 mètres de large et comportant, en plus de l'espace habitable, un grenier, un placard et une remise à pommes de terre. Il déclarait avec fierté que son miroir n'était pas plus grand qu'une carte à jouer. Libre et serein, il y passa deux ans en solitaire et nota : « Ma vie est le poème que j'aurais écrit si j'avais pu le vivre et l'écrire. » Ce que Thoreau voulait savoir, c'est si la vie est sublime. Mais il en voulait la preuve à travers l'expérience et non les écrits. C'est pour cela qu'il l'accula dans un coin, la réduisant à sa simple expression. Il écrit qu'en général, « nous sommes plus isolés lorsque nous sortons pour nous mêler aux hommes que lorsque nous restons au fond de nos appartements ». Il finit par ajouter que dans les bois, il n'était pas plus seul que l'oiseau au bord de l'étang, que le pissenlit dans la prairie, ou encore que le ruisseau, l'araignée ou l'étoile du Nord.

Le cabanon de Le Corbusier

> « La maison n'est pas faite pour le décor
> mais pour le bonheur de l'homme. »
> LE CORBUSIER

Le cabanon de Le Corbusier – un cadeau à sa femme –, de 3,60 mètres de long sur 3,60 mètres de large, avec vue sur la mer, est l'un des symboles, en France, de la petite construction modèle. Si le célèbre architecte y passait un mois de vacances chaque année, c'est bien qu'il y trouvait ce que les grandes habitations ne peuvent offrir. Cette minuscule demeure lui permettait probablement de beaucoup réfléchir et de se poser ces questions que d'autres se posent par milliers aujourd'hui : quelles sont nos origines, comment vivre à l'opposé de ce que nous proposent nos sociétés ? C'est peut-être le besoin de retourner dans un milieu simple où ne règne que l'essentiel qui provoque de plus en plus l'engouement pour ces petites constructions, dans certains milieux.

Cette amoureuse de sa chambre de bonne

> « Les chambres de bonne : "Pour rien au
> monde, je ne quitterais mon petit coin de
> paradis." De sa lucarne, elle a une vue

imprenable sur l'église Saint-Sulpice au cœur du IVe arrondissement de Paris. Les carillons rythment sa vie tout comme les nuées de pigeons qui s'envolent. La vue qu'elle a du ciel n'a pas de prix à ses yeux et les concessions ne semblent plus insurmontables. [...] Le petit coin de ciel bleu que l'on aperçoit donne de la valeur à ces logements exigus autrefois réservés aux domestiques. C'est aussi une manière de se sentir en dehors du tumulte du monde et de ses codes établis ; au début du siècle, on aurait parlé de ceux de la bourgeoisie, pour les opposer à ceux du peuple. Les chambres de bonne sont également associées à l'image des artistes torturés et méconnus qui, au mépris des diktats des artistes établis, continuent à écrire ou composer en attendant une hypothétique reconnaissance. Tous ces clichés donnent une saveur particulière à ces logements précaires et en accroissent la valeur symbolique. Dans un loft, on se sent seul, perdu, on n'a plus envie de rien, on se sent comme vidé. Comment retrouver ses marques dans un espace si vaste et si disponible ? Car quand tout est possible, finalement rien n'est faisable. Alors on reprend le dessus et on va cloisonner cet espace. On se sent mieux dans un endroit étroit pour le sommeil, l'assoupissement. L'homme, d'origine nomade, se protégeait pour ne pas être surpris dans son repos. »

BÉNÉDICTE RÉGIMONT, *DITES-MOI COMMENT EST VOTRE MAISON, JE VOUS DIRAI QUI VOUS ÊTES*

Se sentir délivré des liens de la pesanteur, retrouver l'extrême volupté qui circule dans les lieux hauts... les poètes nous aident à agrandir parfois de façon tellement étonnante notre espace intime ! Cette cosmicité à laquelle ils nous initient renouvelle notre être intérieur et le libère de toutes sortes d'idées, comme celle, par exemple, de l'habitat idéal grand et cossu. Habiter sous les toits avec un coin douche et des toilettes à soi, de quoi cuisiner et, si possible, un ascenseur, voilà de quoi avoir assez pour vivre tranquille jusque tard dans sa vie.

La liberté consiste à choisir ses contraintes

S'abandonner consciemment, sans aucun calcul, sans faire semblant, et tout accepter avec ouverture et générosité malgré ses peurs et ses résistances, voilà la preuve que la recherche de l'abandon de soi est universelle. Comme il ferait bon vivre sans responsabilités ! Très loin au fond de nous, nous savons qu'un tel soulagement est possible. Et nous le souhaitons désespérément. Nous le recherchons pourtant là où il ne peut être, dans les loisirs étourdissants, les soirées alcoolisées et bruyantes, la vitesse ou l'accumulation d'informations. Mais tout cela rend notre esprit fou. Nous avons peur, au fond, de nous retrouver face à nous-mêmes et vides sans toute cette effervescence. Parce que nous n'avons jamais goûté à la liberté intérieure.

La liberté intérieure

> « Il y a un certain nombre d'années, j'ai rencontré un vieux moine taoïste au Leou-Kouan-T'ai. Il s'appelait Yang et ne prenait qu'un seul repas par jour. En dehors de son repas matinal, il n'avait aucun horaire. Il dormait dès que l'envie l'en prenait et quand il ne dormait pas, il travaillait. Il avait plus d'esprit et d'énergie que les autres. »
> BILL PORTER, *LA ROUTE CÉLESTE, MES RENCONTRES AVEC LES ERMITES CHINOIS D'AUJOURD'HUI*

Cependant, une fois que nous avons goûté à la liberté intérieure de ne plus rien désirer et de tout aimer, nous comprenons que celle-ci, que nous possédions en nous depuis toujours, est la chose la plus précieuse dont nous puissions rêver : une vie sans pesanteurs matérielles, sans soucis du lendemain, sans préoccupations du gîte et du couvert. Une vie sans, sans, sans… Et cela, grâce à un espace à soi. Rien qu'à soi. Les personnes ayant choisi de se détacher de tout et de vivre dans un tout petit endroit ont réussi le challenge extraordinaire de s'alléger. Elles sont libres de tout, peuvent quitter leur logis plusieurs mois pour partir voyager et se décentrer culturellement. Elles ont su privilégier la liberté plutôt que le confort d'une vie standardisée. En ayant opté pour la stabilité d'un lieu mais en en acceptant l'exiguïté, elles ont décidé de vivre de façon complémentaire et non conflictuelle, et opté pour le nomadisme ET un repère.

Ce que symbolise l'étroitesse de l'habitat pour les solitaires

Plus que l'espace-superficie, l'espace mental

> « Celui qu'on appelle amateur, ne goûtant point la compagnie des hommes, ne se lamentant pas du déclin qui le frappe, étant ému et touché au vif par les fleurs qui viennent à éclosion puis se dispersent, le cœur toujours limpide lorsqu'il songe à la lune qui apparaît et disparaît au firmament, se consacrant à n'être pas sali par la souillure du monde, le principe de l'apparition et de la disparition des choses lui est manifeste, et les désirs et attachements de gloires personnelles s'estompent. Vraiment, c'est là le point de départ qui mène à la libération et à la délivrance. »
>
> Kamo no Chômei, *Histoires de conversion*

Bien plus que l'espace-superficie, l'espace mental des solitaires est un luxe. Tous ceux qui sont en quête d'absolu savent que plus l'espace est limité plus l'esprit est illimité. La métaphore de la cabane à thé dont parlent les maîtres de thé ermites du Japon ancien est celle d'un espace que les « poussières » du monde (sa lourdeur, son hypocrisie, ses défauts et surtout son ego) ne peuvent toucher. La cabane, elle, aide à dépasser le carcan de l'identité et à atteindre le calme loin de l'agitation du monde. L'habiter, c'est réhabiliter en soi la vie et la joie humaine. On peut dire en ce sens que bien des personnes, de nos jours, cherchent à être des ermites en désirant jouir de la vie dans des lieux aussi retirés que possible. Mais la retraite de l'ermite, elle, n'est pas seulement tranquille : elle est la métaphore de l'état de délivrance dont parle le bouddhisme, au-delà des passions du monde profane. La petitesse des lieux qu'il occupe symbolise la difficulté à atteindre la délivrance absolue.

Une minuscule maison

> *« Si tu as froid, le thé te réchauffera. Si tu as chaud, il te détendra. Si tu es triste, il te réconfortera. Si tu es excité, il te calmera. »*
> WILLIAM GLADSTONE

Les vrais solitaires, eux, préfèrent vivre géographiquement loin de tout et de tous. Ils ont su « dénicher » de minuscules demeures. Un toit, un feu de bois, une source d'eau… que demander de plus pour jouir d'une liberté absolue ? De tels lieux ne deviennent-ils pas, aux yeux de leurs habitants, des sortes de petits châteaux flottant au-dessus du monde, de ses problèmes et de ses vexations ? Se promener dans les alentours, lire, rencontrer parfois sur le chemin quelqu'un avec qui échanger quelques mots… voilà là la force de ce silence et de cette réclusion choisie qui permet à ses propriétaires de s'enrichir loin de la distraction et du bruit des agglomérations humaines.

Vivre comme un ermite au cœur des villes ? Oui, c'est possible !

> « Le taoïsme nous apprend à réduire nos désirs et à mener une vie tranquille. Nous vivons à une époque moderne et il se trouve très peu de gens pour vouloir réduire leurs désirs et cultiver la tranquillité. Nous sommes à l'Âge du Désir… Mais l'essentiel, c'est d'apprendre à calmer son esprit. Une fois que vous en êtes capable, vous pouvez vivre n'importe où, même dans une ville bruyante. Leurs valeurs ? La bonne volonté, la compassion, la joie et le détachement. Et vivre avec un esprit fort et clair. »
>
> BILL PORTER, *LA ROUTE CÉLESTE, MES RENCONTRES AVEC LES ERMITES CHINOIS D'AUJOURD'HUI*

Il y a quelques années, Bill Porter, sinologue et spécialiste des cultures bouddhistes et taoïstes, partit à leur recherche en Chine, dans les monts Tchong-na, près de la ville de Sian et un peu plus loin. Il rencontra quelques-uns des derniers cent cinquante moines et nonnes taoïstes qualifiés pour être maîtres et vivant encore de nos jours, retirés dans les endroits les plus inaccessibles comme des petites cabanes situées au milieu de la montagne ou au sommet d'un pic, recueillant l'eau de pluie dans un tonneau, cultivant un petit jardin et descendant de temps en temps dans la vallée pour faire provision de produits de base tels que le sel, l'huile ou la farine. Certes, la vie de ces reclus peut nous faire rêver. Mais qu'est-ce qui nous empêche de vivre comme eux, même au plein cœur d'une métropole ? Tout est affaire d'attitude mentale, de regard sur le monde et dépend du rapport que l'on désire ou non entretenir avec les autres.

Un art de vivre taoïste enchanteur

> « Un fou de calligraphie… il vivait de rien dans son espace minuscule. Il n'y avait au sol qu'une Thermos, sa gamelle, une serviette de toilette trouée par l'usure. […] Un vieux monsieur, avec sa veste usée joliment lustrée par les ans. Il émanait de son visage une noblesse extraordinaire, un détachement suprême, une intelligence subtile, une sagesse. Parmi ses objets familiers, ses cages à oiseaux, ses livres, sa théière Yixing, la pierre sur laquelle il broyait son encre, le pot de miel sous le lit… J'avais trouvé un art de vivre qui m'enchantait. »
>
> FABIENNE VERDIER, *PASSAGÈRE DU SILENCE*

La tradition taoïste chinoise a toujours insisté sur le rien, le non-agir et l'absence d'artifice absolu. Certes, les taoïstes ne font pas « absolument rien » : ils travaillent la terre et assurent leur survie, mais ils n'agissent que pour ces nécessités matérielles. Pour tout le reste, ils pratiquent un retournement des valeurs de la société, à commencer par celle de l'argent. Pour eux, cette « pure pauvreté » est une joie, une libération. Elle fut également honorée, entre autres, par les Pères du désert, si humbles, dit-on, qu'ils n'osaient même répondre à l'appel de leur nom. Alors, qu'est-ce qui nous empêcherait, nous, de faire les mêmes choix ? Pourquoi ne pas vivre, même au cœur d'une grande ville, dans un minuscule studio, sans responsabilités matérielles, financières ou domestiques ? Il serait alors si aisé de s'adonner pleinement à ses passions en dehors du travail, de faire de longues siestes les jours de congé, de boire les thés chinois les plus enivrants (même à Paris, New York ou Tokyo, on en trouve d'excellents) et de rêver, réfléchir, lire, entretenir son corps par de la marche et des exercices dans les parcs, tôt le matin, et ainsi s'enrichir jusqu'à la fin de ses jours en étant devenu un parfait taoïste.

L'inversion de l'urbanité du monde

> « Seule, j'ai des bouffées de bonheur, des
> bouffées de jeunesse, je me sens d'une
> disponibilité infinie. Tout est possible. »
> UNE CONNAISSANCE

Il existe bel et bien, mais nous ne les remarquons pas tellement elles se sont faites humbles et discrètes, de telles personnes dans notre entourage. Ce qu'elles pratiquent, en fait, tout comme ces ermites de Chine, c'est une inversion de l'urbanité du monde qu'elles déplorent ; à ses convenances elles préfèrent la leur. En choisissant de vivre dans de minuscules demeures, elles peuvent, à leur façon, toiser de loin l'environnement social et accéder à la légèreté ; un état que l'on pourrait décrire comme ni pesant ni superficiel, qui prend, allège, soulève. La cabane de Thoreau, à Walden, comme les chambres de nombreux artistes ou penseurs qui vivent sous les toits symbolisent la liberté et l'autarcie dont l'idéal a traversé le temps et les continents depuis que l'homme a su construire sa hutte et n'a plus été tenu de vivre en groupe autour d'un feu pour se protéger de la nature.

Conceptualiser la grandeur des petits espaces

> « Une personne large d'esprit trouve ses aises
> dans un endroit exigu. »
> PROVERBE CHINOIS

De même que, pour contempler la nature avec l'œil d'un artiste, d'un penseur ou d'un poète, il faut avoir appris à la regarder autrement, il est nécessaire, pour faire de la pauvreté une richesse, de l'avoir conceptualisée. L'homme du commun ne voit dans le minuscule logis du sage que l'effet d'un manque de place. Mais le sage, lui, sait que s'il y a bien une chose qui ne manque pas chez lui, c'est l'espace. Pour ces anachorètes qui idéalisèrent à travers leurs œuvres la modestie de la cabane, il s'agit d'une véritable esthétique indissociable des principes moraux qui la soutiennent. C'est précisément l'exiguïté de leur logis et sa forme matérielle qui traduisent cet idéal de détachement et de richesse auquel ils aspirent. Leur humble logis symbolise le démesurable, c'est-à-dire la capacité d'échapper à l'échelle humaine. Il symbolise aussi l'incomplétude, se définissant comme éloignée des mœurs mondaines. Pour ces sages, ce ne sont pas les commodités matérielles ou l'espace physique qui permettent de mieux vivre, ni même le savoir, mais la sagesse et la capacité à tirer parti de ses expériences afin de vivre de façon plus noble, plus juste et meilleure. En aspirant aux buts les plus élevés, ces sages ont découvert qu'à vivre matériellement pauvre, on devient, dans tous les autres domaines, immensément riche.

La solitude, un mode de vie individuel admirable

Nous sommes tous plus ou moins animés intérieurement par la quête de l'absolu, de la vérité, d'une compréhension ultime des choses. Tous ceux qui ont choisi de vivre seuls pour trouver des réponses à ces questions nous enseignent, après une vie entière de solitude et de recherche, qu'au bout du compte, il n'y a rien à trouver mais que cet « éveil » est une expérience merveilleusement libératrice car extraordinairement simple et évidente. Que de chemin à parcourir, cependant, avant de se rendre à l'évidence ! Que de patience pour découvrir que cette vérité, ce sens caché de la vie, sont là, exactement à l'endroit où on les cherche, dans une totale et tacite évidence ! C'est grâce à cette découverte que l'on peut enfin vraiment « lâcher prise » et finir par s'accorder au cours des choses. Taoïsme, vie en solitaire, en ermite ou en reclus n'offrent aucune réponse spécifique aux problèmes de masse qui affligent nos grandes villes : à problèmes de masse, remèdes de masse. La seule amélioration possible que chacun pourrait apporter à la misère des grandes villes serait de réfréner son avidité, sa soif d'acquérir, de paraître, son ambition démesurée de pouvoir et son besoin constant d'exercer la moindre interférence dans la vie d'autrui. Et bien sûr, d'occuper une demeure répondant seulement à ses besoins.

Couples, familles et solitude

La solitude n'est pas de l'égocentrisme

Pourquoi devoir (ou, pour les plus faibles, vouloir) appartenir à une collectivité ? Chacun est à lui-même sa propre unité politique. Et chacun a besoin, parfois, de se fermer au monde pour redevenir lui-même. Aimer la solitude, ce n'est pas rejeter l'amour, l'amitié ou la convivialité. Le solitaire n'est pas quelqu'un qui n'aime pas les autres. Au contraire : la solitude lui permet de mieux apprécier les autres lorsqu'il les côtoie. Vivre seul n'est pas non plus signe d'égocentrisme. Contrairement à ce qu'enseignent certaines morales, nous n'avons pas à prendre la responsabilité des autres. En revanche, nous ne devons pas dépendre d'eux.

L'indigestion émotionnelle

> « C'était une nuit d'hiver, avec une neige
> pour étouffer le monde décidément. »
> ARTHUR RIMBAUD, *LES DÉSERTS DE L'AMOUR*

Si certains ont besoin de solitude pour se « retrouver », d'autres, eux, souffrent d'indigestion émotionnelle. Ils sont devenus incapables de recevoir ce qui leur est offert. Un petit espace à soi peut être la solution à bien des problèmes relationnels. Lorsqu'une personne sort de sa famille pour vivre en couple, puis avec des enfants, ou lorsqu'elle a passé toute sa journée au bureau et qu'elle est le reste du temps avec sa famille, elle n'a jamais l'opportunité d'être seule. Elle doit constamment se plier aux désirs ou besoins d'autrui. Sans le savoir, elle emmagasine beaucoup de stress. Chacun devrait avoir un endroit à lui où se retrouver seul. De plus, ce n'est pas parce que deux personnes vivent en couple qu'elles s'appartiennent. Chacun a droit à sa part d'intimité et de liberté. Malheureusement, nous sommes si convaincus que notre bonheur dépend du succès de la vie à deux que nous délaissons les vertus créatrices de la solitude.

Les taoïstes, ces hommes qui délaissèrent leur famille pour vivre seuls

De nos jours, la solitude est donc presque un tabou. Mais certaines cultures et philosophies en ont autrefois fait un culte. Le taoïsme par exemple. La plupart des taoïstes ne vivaient pas seuls durant leur vie active. Pour devenir taoïste, il leur avait fallu mener une vie impeccable de confucianistes : avoir une famille, des enfants, une position sociale. C'est seulement à la retraite, une fois qu'ils sentaient qu'ils avaient accompli leur devoir en tant que citoyens, parents et époux, qu'ils s'octroyaient enfin le droit de tout quitter pour se consacrer à eux-mêmes. Ils partaient alors vivre seuls, dans des coins retirés des montagnes, afin de préparer la fin de leur vie avec autant de lucidité et de plénitude que possible, en s'adonnant à la calligraphie et à la peinture, aux arts martiaux tels que le kung-fu, aux exercices respiratoires, à la méditation, à la poésie ou aux plaisirs du thé. Leur but était d'entretenir leur corps et leur esprit du mieux possible, afin non pas de vivre éternellement mais d'aiguiser leur conscience et de parfaire leur esprit, jusqu'à un point de légèreté et de détachement tels que, au moment de quitter leur corps, ils ne regretteraient plus rien. La longévité en elle-même n'a rien de particulièrement souhaitable, sauf si elle s'accompagne d'une santé rayonnante et d'une tranquillité joyeuse.

Les standards du bonheur des taoïstes

> « Boire, seul ou avec une personne chère, un thé chinois dans de minuscules tasses, accompagné d'un air traditionnel en musique de fond, suscite un sentiment nostalgique des jours plus simples d'antan. On oublie alors les tracas de la vie urbaine. »
> EXPOSITION LE THÉ, HISTOIRES D'UNE BOISSON MILLÉNAIRE, MUSÉE GUIMET, 2012

Toutes les personnes ayant côtoyé des taoïstes disent qu'il suffisait de passer quelques jours auprès d'eux pour retrouver la valeur de la vie et découvrir des possibilités nouvelles de bonheur. Les derniers qu'ont rencontrés les ethnologues avaient délaissé, rapportent ces derniers, tout attachement matériel et vivaient disséminés dans des villages de montagne, dans de toutes petites demeures sobrement aménagées mais très gaies. Les taoïstes ne sont pas, d'ailleurs, les seuls à avoir atteint cette sagesse : bien des personnes vivant seules, même au cœur des grandes villes, ont cette même et incroyable énergie, cette même tranquillité sereine et gaie. Les standards normaux du bonheur à deux, au fur et à mesure qu'on apprivoise la solitude, reculent et un nouveau monde devient réalité. Elle peut être douloureuse au début mais après un certain temps, lorsqu'on s'y est accoutumé, elle procure une légèreté et une liberté jusqu'alors inconnues.

Ces couples qui vivent séparément…

Ils sont assez rares, mais les couples vivant chacun de leur côté ont généralement de grandes chances de « durer ». Ils ont tout d'abord assez confiance l'un en l'autre pour accepter de ne pas passer toutes leurs nuits ensemble et ils ont autant conscience de leurs propres exigences que de celles de l'autre. Refusant d'un commun accord les compromis, leur relation est saine donc équilibrée. On dit que c'est la routine de la vie à deux qui tue l'amour. Vivre chacun de son côté serait donc la solution idéale. Quoi de plus contraignant, pour être honnête, que d'avoir à se plier toute une vie aux besoins physiologiques de l'autre ? De manger lorsque l'autre a faim, d'aller se coucher en même temps que lui de peur de le réveiller si nous restons à regarder la télévision, à bavarder au téléphone ou si nous sommes sorti avec des amis ? Tout partager avec l'autre, y compris les amis, et le leur imposer, n'est ni naturel ni agréable. Et puis, quoi de plus normal que chacun s'occupe de son linge, de ses courses, de son ménage ? Mariés pour le meilleur ? Oui. Pour le pire ? Non ! (sauf si l'un des deux a des problèmes de santé, bien sûr, et qu'il doit faire appel à l'autre). Pourquoi les parents souhaitent-ils si ardemment que leur fille se marie, par exemple ? Pourquoi ne tiennent-ils pas plutôt, s'ils veulent son bonheur, à ce qu'elle ait, avant un mari, son propre travail, son propre argent, son toit à elle, et qu'elle ne devienne jamais ce que ses aînées, même mariées aux hommes les plus riches et les plus puissants, ne pouvaient qu'être, dans les faits : de simples servantes ?

Et si le futur de la vie à deux n'était plus la cohabitation mais le voisinage ?

Il faut parfois faire des rêves pour que ceux-ci se réalisent. Chacun, d'abord, achèterait son petit toit. S'il tombe amoureux, il le revend pour en acquérir un autre, à côté de chez sa bien-aimée (sur le même palier, à l'étage supérieur ou inférieur). Chacun serait alors indépendant tout en voyant l'autre quand les deux le désirent, afin de profiter des plaisirs de l'amour autant que de ceux de l'indépendance. Les enfants, s'ils en ont, pourraient aller de temps en temps chez l'un, de temps en temps chez l'autre. Chacun pourrait ainsi vivre dans l'ordre ou le désordre, selon son caractère, se disputer et se réconcilier sans avoir à chercher où passer la nuit. Si le contraire s'explique (ménage, cuisine, lessive, courses faites par autrui), quels sont les avantages, à bien y réfléchir, pour une femme qui gagne sa vie, à vivre sous le même toit qu'un homme ? S'ils ont des enfants, il devrait exister une loi pour que celui ou celle qui sacrifie sa carrière afin d'élever les enfants reçoive un salaire de la part de l'autre, dont la somme serait fixée en fonction de ses revenus, comme le sont les impôts. Une fois les enfants élevés, la personne ayant arrêté de travailler pour les enfants pourrait reprendre un travail ainsi que son indépendance. On peut très bien vivre l'amour sans partager le même toit. Le mariage n'a pour intérêt que de protéger les enfants. Pourquoi se marie-t-on si l'on n'a pas d'enfants ? Instituer une loi similaire au mariage, mais qui ne serait que d'une durée déterminée, c'est-à-dire le temps d'élever les enfants, ne serait-elle pas plus logique ! Une sorte de contrat cessant de prendre effet, par exemple, lorsque le dernier des enfants a atteint l'âge de dix-huit ans. Si deux personnes veulent célébrer leur union, pourquoi ne pourraient-elles pas le faire sans passer par la mairie et se contenter d'une fête et, si elles le désirent, d'une cérémonie religieuse ?

Vous verriez-vous vivre vos dernières années dans un studio ?

> « Maintenant que mon mari est mort, j'ai décidé d'habiter dans un plus petit appartement : six tatamis (moins de dix mètres carrés). J'ai fait venir dans notre appartement des déménageurs et une société de désencombrement : ils ont brûlé tout ce dont je n'avais plus besoin. Grands buffets de cuisine, commodes, kimonos n'étant plus de mon âge… tout a été

> parfaitement, élégamment brûlé.
> Quel soulagement ! »
> YOSHIKO, PROPRIÉTAIRE D'UN MINUSCULE
> CAFÉ DE KYOTO

Au Japon, pays où le shintoïsme est encore très vivant, l'incinération (des corps ou des objets) représente un acte de purification. Bien sûr, chaque pays a des coutumes et des croyances qui peuvent choquer d'autres peuples mais les Japonais, généralement, détestent les objets ayant été utilisés par d'autres. Ils ne veulent pas en recevoir le *ki* (l'énergie vitale). Ainsi, m'explique cette petite dame menue de quatre-vingts ans que je connais, propriétaire et tenancière d'un petit café à Kyoto, à propos de son déménagement récent :
« Mon mari est mort il y a six ans. Nous n'avons pas d'enfant. Je viens donc de demander à un service spécialisé de venir chercher tous nos meubles et nos affaires pour les faire brûler, car j'ai vendu la maison. Maintenant je loue un petit appartement de seize mètres carrés. J'y suis très bien. J'ai même un vrai lit. »
Que de sagesse dans ce choix de simplifier sa vie et de l'adapter à ses besoins et à son âge ! Elle continuera ainsi tant qu'elle le pourra, poursuit-elle. Ensuite, ajoute-t-elle : « Le vent soufflera là où il veut » (proverbe japonais).

Décidez tant que vous le pouvez encore…

> « Si nos maisons nous demandent de les aimer
> et de les reconnaître, c'est parce qu'elles nous

> demandent de nous aimer, de nous reconnaître nous-mêmes. »
> FRANÇOIS VIGOUROUX, *L'ÂME DES MAISONS*

Être « chez soi », c'est avant tout avoir libre accès à ses « petites habitudes » : le café préparé d'une certaine façon, sa tasse préférée, son lit, son fauteuil, ses programmes de télévision. Tout cela n'est pas toujours accessible dans une maison de retraite où certaines règles de vie communautaire, avec ses consignes et ses horaires, sont imposées. Alors pourquoi tenir à des murs qui, s'ils étaient repeints, ne seraient pas, eux non plus, notre ancien « chez-soi » ? Avant d'y être acculé, tant que vous avez encore toute votre lucidité, votre mot à dire (si vous avez des enfants) et assez d'énergie, choisissez la vie que vous désirez pour vos vieux jours. Transposez votre « chez-moi » dans d'autres murs. Dites aux déménageurs ou à vos enfants : « Je veux garder cette commode et ce tableau. » Car rappelez-vous ceci : viendra peut-être le jour où vous n'aurez plus ce choix. Revendre votre vaste habitation pour une plus petite vous permettra, avec le surplus de liquidités qui vous reste, de faire aménager cette dernière avec le confort nécessaire au grand âge : des barres d'appui le long des murs, une baignoire facile à enjamber, une douche avec siège, un lavabo à l'accès possible en fauteuil roulant…

Pour mieux vivre, il faut penser à la mort

> « Pendant que, d'année en année, ma vie déclinait, ma demeure se rapetissait peu à peu.

> Ma dernière demeure ne ressemblait en rien à celles qu'on voit dans le monde. Elle avait à peine dix pieds de large et moins de sept pieds de haut. »
> KAMO NO CHÔMEI, *NOTES DE MA CABANE*

Ce n'est qu'en vivant avec lucidité, c'est-à-dire sans occulter le fait que nous mourrons tous un jour, que nous pouvons le mieux jouir de la vie. Les personnes craignant la mort ne l'envisagent que dans un horizon lointain et flou qui va en reculant au fur et à mesure qu'elles avancent. Avoir la lucidité de réfléchir à sa vieillesse et de voir sa mort en face n'est pas morbide. Cela est (ou devrait l'être) naturel. Regarder sa propre mort en face permet d'apporter à ce qui nous reste à vivre avec plus de fermeté, d'intérêt et de densité. Cela rappelle, paradoxalement, l'« urgence de vivre » en ne gaspillant pas ce temps précieux en choses inessentielles. Y compris trop de biens et de mètres carrés !

Chacun, dans un foyer même très petit, devrait avoir un endroit à lui

> « Un demi-tatami pour s'asseoir, un tatami pour dormir. »
> PROVERBE ZEN SIGNIFIANT QUE CELA SUFFIT POUR SE LOGER

Dans un foyer, chacun devrait avoir un endroit bien à lui où se retirer afin d'être seul. Une de mes amies japonaises me décrivit sa chambre jusqu'à l'âge de vingt ans, chez ses parents. Alors que je lui demandais de m'en parler, son visage s'éclaira immédiatement : « Ma chambre ne mesurait que trois tatamis [1]. Je l'avais aménagée à l'occidentale et j'y avais un lit, une petite armoire, un *kotatsu* (table basse recouverte d'une couette, entre deux plateaux superposés et munie d'un chauffage électrique). J'avais même une petite télé installée sur une étagère placée en angle sur deux murs, et une minichaîne stéréo. J'adorais ce petit coin d'intimité et ne m'y suis jamais sentie à l'étroit. » Ce dont chaque être humain a besoin, ce n'est pas de place mais d'un endroit bien à lui, où il se sent tranquille. Une maison de cinquante mètres carrés pourrait, en étant aménagée ainsi, se composer d'assez de chambres pour un couple et deux enfants. Le salon, à l'occasion, hébergerait les amis.

Une pièce pour un parent âgé

Chaque culture est différente, bien sûr, mais rien ne nous empêche de nous inspirer de ce qui nous apparaît intéressant au-delà de nos frontières. Parce que les Japonais ont toujours eu l'habitude de vivre à l'étroit, la vie pour eux est beaucoup plus simple dans certaines circonstances. Par exemple lorsqu'un parent âgé n'est plus capable de vivre seul. Afin que celui-ci ne parte pas en maison de retraite, ses enfants, s'ils le peuvent, lui aménagent une

1. Un tatami mesure 1,80 mètre sur 90 centimètres. La chambre a donc ici une superficie d'un peu moins de 5 mètres carrés.

petite chambre chez eux. Peu exigeant, le parent âgé sait alors ne pas peser sur les membres de sa famille. Quant aux enfants, ils se réjouissent de l'avoir à leurs côtés et de lui apporter un peu douceur durant ses dernières années. Mais pour cela, ce parent a eu la sagesse de faire une croix sur sa maison, ses possessions, ses habitudes et ses désirs personnels. Seules les personnes sachant accepter de tels changements peuvent vivre dans de petits espaces. Elles savent se faire toutes petites.

Il est plus facile d'apprivoiser la solitude dans un petit espace

> « La cabane mesure trois mètres sur trois. Un poêle en fonte assure le chauffage. Il deviendra mon ami. »
> SYLVAIN TESSON, *DANS LES FORÊTS DE SIBÉRIE*

Si tant de personnes redoutent la solitude, c'est qu'elles ont l'impression de perdre alors la reconnaissance d'autrui, une reconnaissance dont elles ont souvent besoin pour exister. Dans la solitude, en effet, il faut faire face à soi-même, sans le regard des autres, et apprendre à s'assumer seul. Emménager dans un plus petit appartement, un appartement pour célibataire, est le premier pas vers ce retour à soi. Le quotidien paraît alors moins vide. De nouvelles habitudes s'installent. On se sent moins « seul », entouré de plus près par ses objets. Et puis, cela rassure. Lorsque l'on prend ses repas sur une petite table, on peut enfin oublier la présence de l'autre, en face de soi, autrefois. On réalise alors que le seul compagnon avec lequel on est assuré de partager toute son existence n'est autre que soi. Il est donc recommandé de bien le connaître, ce compagnon, de prendre soin de lui et non de le négliger ou de l'abandonner. Emménager dans un nouveau lieu, lorsqu'on a perdu l'autre, est primordial pour continuer soi-même à vivre sans trop ressasser les moments du passé.

Que nous apprend la solitude ?

> « Le solitaire, loin de s'enfermer en lui-même, s'ouvre au monde entier. »
> THOMAS MERTON

La solitude apprend d'abord à ne plus se fuir, puis à savoir habiter sa propre vie. Savoir exister seul est l'une des conditions essentielles pour se réaliser hors de situations relationnelles qui bien souvent nous ont enfermé ou dispersé. Le retour vers soi dans la solitude est un voyage que les circonstances de la vie nous imposent fréquemment mais qu'il faut savoir accueillir : non comme un drame mais comme une nouvelle vie. Il ne s'agit là que d'une sorte de passage vers sa propre vie, un chemin vers son accomplissement en tant qu'individu affranchi. La solitude est, plus qu'on le croit, une école de vie sur le perfectionnement de soi : comment demeurer avec soi-même, par soi-même et non plus par procuration ou en osmose avec un autre être. Elle est très positive car elle apprend à devenir non seulement plus responsable de soi mais aussi des autres. La solitude peut devenir, en effet, une expérience d'ouverture au monde et non un enfermement.

La solitude enrichit l'être humain

> « Je grimpai à ma petite mansarde et l'embrassai
> d'un regard affectueux, comme s'il s'agissait
> d'un très vieil ami. – Tu fus le témoin de mes
> méditations, des larmes, des orages de ma
> saghana ! »
> PARAMAHANSA YOGANANDA,
> *AUTOBIOGRAPHIE D'UN YOGI*

Toute notre vie est aujourd'hui fondée sur l'extension indéfinie des contacts humains et des relations sociales. La solitude, elle, est au contraire en relation étroite avec la maturité affective. Elle contribue à élargir sa conscience d'être, à devenir un compagnon pour soi-même et à découvrir ses richesses intérieures. Elle exige de nous que nous ne soyons pas dépendants : la dépendance n'enrichit pas, elle appauvrit. Devenir adulte, c'est sans cesse se séparer, se détacher, afin de pouvoir se centrer de plus en plus non pas sur soi mais en soi. Cette évolution, à travers l'apprentissage du détachement, se poursuit toute la vie. C'est pour cela que les personnes ayant choisi de vivre seules occupent souvent de petits logis : elles ont également acquis cette autre force qui est de ne plus s'attacher à un lieu et à certaines routines. Pourvu qu'elles aient un toit, le reste leur importe peu.

Vivre seul peut être un privilège

> « Vous ne développerez pas en quelques instants de la sagesse. Vous devez d'abord atteindre ce niveau de conscience supérieur caché en vous pour trouver la paix et le contentement. »
> PROPOS ZEN

Au-delà du bonheur et du malheur, il y a la paix. La société fait tout pour déprécier et décrier la solitude qu'elle érige en fléau. Et pourtant… ! Est-ce parce que la plupart d'entre nous vivent en couple, et donc qu'ils représentent la majorité, qu'ils possèdent le monopole d'affirmer que c'est cela le bonheur ? Quand finirons-nous de prendre en pitié les personnes vivant seules et de chercher à tout prix à les sortir de ce prétendu malheur ? Quand cesserons-nous de faire miroiter l'image du bonheur à travers la vie de couple ? L'être humain est-il né pour ne devenir, à l'âge adulte, qu'une « moitié » ? Combien de personnes dans le monde vivent-elles seules ET heureuses ? AMOUR rime-t-il irrémédiablement avec TOUJOURS ? Aucune culture ni aucune société n'a jamais encouragé le célibat. Hercule Poirot, lorsqu'il s'apprête à déguster ses escargots devant une table magnifiquement dressée – nappe blanche, couverts en argent, rose dans un vase et une serviette de table coincée avec gourmandise dans son col, a-t-il l'air de souffrir de sa solitude ?

4

ET SI DÉMÉNAGER DANS PLUS PETIT ÉTAIT LA SOLUTION ?

Rester ou déménager ?
Quand la maison se vide...
Quand la vie en couple devient intenable
Votre vie a perdu son sens ?
Lorsque le temps et l'argent viennent à manquer
Déménager, c'est aller de l'avant
Anticiper le grand âge

Rester ou déménager ?

L'habitation idéale, c'est celle qui correspond à nos besoins

> « Je peux vivre n'importe où. Ma maison
> est belle parce que je m'y sens bien. »
> Marie-Paule Dousset

L'habitation idéale existe-t-elle ? Oui et non. Elle n'existe pas parce qu'elle ne peut convenir à une même personne toute une vie. Mais elle existe au moment où cette personne la choisit. L'habitation idéale en effet, serait celle qui correspond à des besoins spécifiques, qu'il s'agisse de superficie, d'environnement mais aussi d'émotions. Lorsqu'un logis ne correspond plus à des besoins précis et qu'il faut en changer, cela devient parfois un drame. Bien des personnes refusent de quitter le lieu qu'elles ont occupé pendant des années, voire des décennies, malgré le départ de leurs enfants, le deuil de leur conjoint, l'incapacité d'entretenir seules cette maison, des charges financières trop lourdes pour leur petite retraite ou un éloignement trop grand des commerces, des voisins et des hôpitaux. Elles trouvent mille et une raisons pour ne pas en partir, jusqu'au jour où elles y sont acculées. C'est alors que survient le drame : hors de leur environnement habituel, elles tombent littéralement malades, perdent tout repère, toute identité, et ne savent même plus qui elles sont ni ce qu'elles vont faire.

La vie, ce perpétuel changement

> « Everything must change. » (« Tout est appelé à changer. »)
> MERVEILLEUSE CHANSON COMPOSÉE PAR BERNARD IGHNER

La sagesse voudrait que l'on n'oublie jamais ceci : rien n'est permanent, tout change. Etre capable de s'adapter aux changements est la clé pour bien vivre. Plus on fait preuve de souplesse, moins on souffre. C'est pourquoi nous devrions avoir le courage d'agir sur le cours de nos vies avant que celui-ci n'agisse sur elles. Il ne faut jamais baisser les bras, redouter le changement ou cesser de rester maître de sa vie et de ses choix. Le plus important serait de toujours avoir assez de lucidité pour considérer chaque chose, aux différents moments de sa vie, sous l'angle de nouvelles perspectives. Mais « voir » les choses d'un autre œil ne suffit pas : il faut surtout agir.

La peur du changement

> « Quelle est la Voie, demande le disciple.
> – La perception aiguë de l'évidence des choses, répond le maître. »
> PROPOS ZEN

La personne peureuse est celle qui ne peut se contrôler et vit donc comme une handicapée, même si son corps fonctionne normalement. Plus elle a peur, plus elle se retrouve coincée et figée, incapable d'exprimer ce dont elle a besoin, de savoir ce qu'elle veut. D'où son anxiété et son incapacité à identifier les réponses importantes de sa vie. Avoir peur du changement est dangereux car cela mène souvent à une forme de rigidité qui se transforme, au fil du temps, en une apathie empêchant toute action. Nul, pourtant, n'a à rester « marié » avec le monde matériel dans lequel il vit. Chacun peut se recréer un chez-soi là où il le désire, même dans le plus petit des logis. Il est possible de se faire des amis à n'importe quel âge, à condition d'être gai et curieux de tout. Un proverbe australien dit que seules les personnes ennuyeuses… s'ennuient.

Ne pratiquement plus rien posséder et vivre dans un minuscule lieu

> « Existe-t-il, ce lieu que l'on nomme le Paradis ?
> – Non, Jon, il n'existe rien de tel. Le paradis n'est pas un espace et ce n'est pas non plus une durée de temps. Le paradis, c'est simplement d'être soi-même parfait. »
> RICHARD BACH,
> *JONATHAN LIVINGSTONE LE GOÉLAND*

Ce n'est qu'en changeant son environnement et en réduisant le nombre de ses possessions qu'il est possible de se changer soi-même. Certes cela fait peur mais on s'y habitue. Faire de nouvelles expériences et changer de lieu aide à devenir un autre. Notre mental ne ressasse plus les mêmes choses, le quotidien prend une autre couleur, le matériel, lui, moins d'importance. Les façons de s'occuper ne sont plus les mêmes et de nouveaux horizons, jusque-là impensables (voyages, nouveaux hobbies, nouvelles rencontres...) se dessinent alors. Chaque détail prend également une importance qu'il n'aurait pas eue dans un endroit plus grand. Vivre de façon « compacte » apprend à mieux voir, à mieux apprécier chaque instant de la vie, de manière plus intense, sans restriction ni calcul d'aucune sorte. Il est bien plus facile, contrairement à ce que pensent certains, de mener une vie simple dans un petit logis que dans un grand. C'est cette nouvelle prise de conscience des petits riens du quotidien qui peut aider à se libérer de la hâte, du chaos, de la névrose et des obstacles éloignant de l'instant présent. La grisaille et l'ennui du quotidien font alors place à une toute nouvelle bonne humeur. Vivre dans un endroit compact permet de devenir plus présent aux autres, à soi et au moment présent. Cela aide, en d'autres termes, à vivre plus intensément.

Quand la maison se vide...

Les enfants quittent le nid

Voilà là une évidence : chaque type d'habitat correspond à différentes périodes et étapes de la vie. Un habitat n'a de sens qu'en fonction de la vie qu'on veut et surtout qu'on peut y mener. Habiter dans une maison faite pour quatre n'est plus approprié lorsqu'on ne se retrouve plus qu'à deux. Il est alors temps d'envisager sa retraite (un bien joli mot, lorsque l'on y réfléchit !), d'emménager dans un appartement pour deux, quitte à garder une chambre pour les amis ou les enfants venant en visite, et de céder à ces derniers ce qui ne sert plus afin qu'ils aménagent leur propre foyer (meubles, vaisselle et même argent, pourquoi pas...). C'est le moment d'éliminer un tiers (si l'on vivait à trois) ou la moitié (si l'on vivait à quatre) de ses possessions et de s'installer dans deux ou trois fois plus petit. Bien sûr, il arrive que ce soit les enfants qui mettent un frein au changement, lorsque ce sont eux qui veulent conserver la maison familiale. Mais généralement, celle-ci n'est pas plus adaptée à leurs besoins qu'à ceux de leurs parents.

L'un des conjoints décède

> « Rien ne m'attache plus à ce monde, seule m'affecte pourtant la beauté fugitive des saisons du ciel. »
> URABE KENKÔ, *LES HEURES OISIVES*

C'est probablement l'une des épreuves les plus dures pour tout vieux couple. Celui qui reste veut, cela est compréhensible, continuer à vivre comme si l'autre était toujours là. Mais est-ce raisonnable ? Rester dans l'endroit où demeurent les souvenirs ne fera pas revenir la personne disparue. Plus la séparation est difficile, plus le changement devrait être radical. Ce changement, justement, peut aider à continuer à vivre. Pour soi désormais, puisqu'il le faut bien, de toute façon. Emménager dans un plus petit appartement, changer ses habitudes, son décor… peuvent aider à supporter l'absence de l'être disparu au lieu de rester anéanti par sa disparition et attendre de le rejoindre. Et puis… la solitude est toujours moins pesante dans un petit espace.

Certaines veuves presque… joyeuses !

Si vous viviez en couple, c'était, je l'espère, par choix et non par capitulation. Mais c'est un fait : bien plus de couples qu'on ne le pense restent ensemble parce qu'ils ne peuvent faire autrement (peur d'abandonner l'autre, peur de la solitude, peur de ne pas pouvoir s'en sortir seul financièrement …). Observez votre entourage : combien de femmes se sentent enfin libérées lors du décès de leur époux ? Elles survivent à la mort de celui-ci avec bien plus de force et d'intelligence qu'on aurait pu le supposer. Tant d'entre elles (surtout celles des générations précédentes) ont vécu toute leur vie dans l'ombre d'un homme qui se croyait plus intelligent qu'elles, qui les avaient rabaissées, humiliées. Elles avaient été persuadées que sans lui, elles n'étaient rien. Une fois veuves, cependant, elles reprennent leur vie en main avec… une main de maître : vente de l'ancienne demeure, emménagement dans un petit appartement ou une petite maison… Elles épatent leur entourage et revivent !

Quand la vie en couple devient intenable

Votre partenaire vous fait vivre l'enfer ?

> « On ne peut changer son passé mais on peut changer son futur. »
> Keisuke Honda, footballeur japonais (interview sur NHK le 12 avril 2014)

Le nombre de personnes hésitant à quitter une personne les rendant malheureuses est impressionnant. Mais c'est surtout la peur de l'avenir et le regard des autres qui les empêchent de quitter le domicile conjugal. Rompre avec quelqu'un implique bien souvent de rompre avec un chez-soi. Cependant, une fois accomplis, les renoncements nécessaires mènent à tellement d'autres richesses ! Si vous êtes malheureux(se) en ménage, à quoi bon retarder votre décision ? Si vous ne rompez pas maintenant, quand le ferez-vous ? Ayez le courage de ceux qui ont tout quitté pour reprendre leur vie en main. Quelles que soient l'exiguïté ou la modestie d'un autre lieu, après votre rupture, sans que vous puissiez bien le comprendre, vos désordres intérieurs s'apaiseront. Un beau matin, vous vous réveillerez avec cette nouvelle sensation d'un avenir frais et joyeux. La « dépossession » d'une grande maison entraîne avec elle autre chose de tout aussi pesant : la dépendance affective toxique. Une fois le pas franchi, c'est-à-dire dans un endroit à vous, hors du domicile conjugal, vous serez capable de prendre du recul et vous vous demanderez : « Qu'ai-je fait de ma vie ? Quelle va-t-elle être à partir de maintenant ? » Vous n'avez pas besoin de beaucoup d'espace pour commencer une nouvelle vie. Quelle que soit son étroitesse, votre nouveau logis sera bien plus agréable que celui où vous étiez malheureux(se). Il vous permettra de retrouver la clarté, la liberté et une nouvelle cohérence avec vous-même.

Rompre et vivre ailleurs, c'est se créer une nouvelle identité

Il n'est jamais trop tard pour reprendre sa vie en main. Rompre et emménager dans un petit endroit à soi aide à se défaire de toutes sortes d'illusions, de peurs qui se seraient inexorablement aggravées avec l'affaiblissement et la fragilité grandissantes dus à l'âge. Si ce nouveau petit nid n'est plus votre maison avec tout ce qui s'y trouvait (meubles, souvenirs), il représente cependant une sorte de « no man's land » dans le cours de votre existence et va vous permettre d'imaginer un avenir plus vivant, car inconnu. Ce nouvel habitat vous aidera à percevoir clairement votre passé, à l'accepter comme tel, pour vivre dans le présent et vous projeter dans l'avenir. Un nouveau logis, c'est une nouvelle vie. Ce sera alors un espace personnel, un nid douillet, un espace identitaire. En vous créant un nouveau nid, vous vous créerez une nouvelle identité.

Déménager est magique pour faire le deuil d'un passé révolu

> « Le passé nous tourmente et le futur nous fait peur, c'est pour ça que le présent nous échappe. »
> FLAUBERT

Avoir un passé empêche parfois de vivre le présent. C'est là une idée radicale, peut-être, mais effacer son passé aide à mieux vivre le présent. Nous sommes, comme le dit Carlos Castaneda dans *Histoires de pouvoir*, un produit de notre passé, mais nous n'avons pas besoin de lui. Effacer son passé, c'est se libérer de toutes sortes d'idées encombrantes et de personnes « toxiques ». Oui, les autres s'attendent toujours à ce que vous soyez ce que vous avez toujours été et ce que l'on vous a appris à être. Mais les personnes « illuminées » semblent toutes avoir en commun ceci : elles ne sont pas attachées à leur passé. Elles sont libres car elles ne se reposent pas sur les choses qui, dans le passé, définissaient leur vie. Elles reconnaissent que les gens, les événements de leur passé furent une réalité mais qu'aujourd'hui est une autre réalité. En raisonnant ainsi, elles gardent l'esprit ouvert sur le futur. Ouvrez-vous à votre futur. Imaginez-le heureux. Ce que vous voyez dans la boule de cristal pourrait bien devenir réalité…

Votre vie a perdu son sens ?

Des vies et des choix trop fragmentés mènent au vide et à l'ennui

> « Moins elle avait de but et plus sa vie prenait un sens. »
> Pierre Drieu La Rochelle, *Gilles*

La seule solution pour sortir du désarroi est de se prendre en main et de chercher à utiliser toutes les ressources disponibles afin de se donner une vie plus agréable. Ceux qui vivent dans une sorte de vide (existentiel) sont ceux qui ont souvent, parallèlement, trop de choix à leur disposition. Leur vie est alors comme morcelée, fragmentée. Ils ne croient plus en rien et vivent constamment dans un obsédant sentiment de vacuité. Déménager dans un tout petit lieu et se débarrasser d'un maximum de choses aide à se « rassembler ». Leur vie prendra une autre dimension. Le temps s'étirera. Le monde leur apparaîtra différent.
Se détacher ainsi du matérialisme aide à véritablement vivre chaque instant comme si c'était le meilleur, qu'il s'agisse de faire la sieste, de passer l'aspirateur, de regarder le ciel, de bavarder au téléphone ou de lire. Dans un petit espace, les préoccupations matérielles s'amenuisent. Graduellement, réalise-t-on alors avec merveille, que le peu dont on a la responsabilité nous suffit. Cette nouvelle vie apparaît alors parfaite : plus rien à changer, plus rien

à améliorer, plus rien à désirer matériellement. L'envie d'aller de l'avant et d'entreprendre de nouvelles choses renaît. La vie ne stagne plus.

Une nouvelle force vitale dans un autre lieu

Pour se préserver ou refaire le plein de vitalité, il faut d'abord économiser l'énergie qui nous reste. La meilleure façon pour cela est de ne pas s'éparpiller dans mille questionnements mais de tout « resserrer » autour de soi. À vivre dans un tout petit endroit où il n'y a pratiquement rien à faire, sinon s'abandonner à la joie de vivre, aide incroyablement à reprendre le dessus. Paradoxalement, c'est dans un petit nid confortable et parfait que l'équilibre vital et l'envie de vivre renaissent. Le physique et le mental ne se fatiguant plus à penser ou faire mille choses se reposent et se régénèrent.

Vivre « compact » permet de moins prendre la vie au sérieux

> « Où que je marche mes sandales de paille
> effleurent la mousse épaisse.
> De tous les objets de ma vie m'étant débarrassé,
> Je n'emporte que mes pinceaux et mes
> ustensiles pour le thé. »
> LU YU, *L'EXTASE DU THÉ* (POÈMES)

Seul celui qui, d'une façon ou d'une autre, vit sa vie avec attention, a la capacité de devenir heureux. Il peut alors, paradoxalement, se permettre de ne pas prendre les choses trop au sérieux et vagabonder dans le temps et les rêves au gré de sa fantaisie. Il anticipe par exemple chaque menu plaisir à venir avec précision et rigueur. Lorsque nous sommes bien chez nous, que notre petit logis nous abrite et nous protège sans nous infliger de pressions (crédits trop lourds, entretien…), que nous nous y plaisons corps et âme, nous pouvons alors savourer chaque instant. Le quotidien devient comme empreint de magie et de mystère car il n'est plus encombré par le matériel.

Lorsque le temps et l'argent viennent à manquer

Vos traites deviennent trop lourdes ?

> « Les puissants sont avides de gain, les humbles isolés sont méprisés. Ceux qui possèdent beaucoup doivent craindre beaucoup. Ceux qui sont dépourvus doivent souffrir beaucoup. Si l'on doit recourir aux autres, on devient leur esclave : si l'on a à s'occuper des autres, on est victime de l'amour qu'on leur porte ; si l'on se conforme aux usages du monde, on ne peut qu'en souffrir ; si l'on n'en tient pas compte, on a l'air d'un fou. Où faudrait-il s'installer, que faudrait-il faire, pour être un peu tranquille et pour goûter ne serait-ce qu'un instant le contentement du cœur ? »
> KAMO NO CHÔMEI, *NOTES DE MA CABANE*

Accepter le changement, quitte à rabaisser d'un cran son standing, est le propre des personnes intelligentes et lucides. À quoi bon continuer à se battre pour payer des traites devenues trop lourdes après une perte d'emploi ou une baisse de revenus ? Ne vaut-il pas mieux envisager de revendre une maison pour laquelle on s'est trop vite endetté et redécouvrir les joies d'un petit appartement coquet et douillet ? Se plaindre du coût de la vie n'avance à rien.

Passer des nuits blanches non plus. Ce qu'il faut, c'est agir et vivre en fonction de ses moyens. Tout simplement.

Un emploi qui ne vous laisse pas le temps de vivre ?

> « Plus loin on la pousse, et plus propre, plus personnelle, plus unique devient une vie. »
> RILKE, *LETTRES À UN JEUNE POÈTE*

De plus en plus nombreux sont ceux qui décident de « baisser d'un cran » leur rythme de vie, de changer de vie quitte à gagner moins d'argent, d'avoir moins de luxe et de mètres carrés pour avoir plus de temps à eux. À quoi bon, en effet, travailler pour régler les traites d'une habitation dans laquelle on ne peut jamais prendre son temps et souffler, paresser, vivre avec douceur et lenteur ? La superficie de celle-ci est-elle plus importante que le temps qu'il nous reste à vivre sur cette terre ? Il n'est jamais trop tard pour revendre une maison que vous n'avez pas fini de payer et en acheter une plus petite. Les personnes ayant fait ce choix le regrettent rarement. Elles comprennent alors encore mieux que l'argent ne sert pas uniquement à s'offrir des biens matériels, qu'il est encore plus précieux pour acheter l'éducation (la seule chose que personne ne pourra vous voler), la sécurité, la connaissance, la paix, la santé et, plus que tout, les expériences. Prenez une année sabbatique et partez un an en camping-car faire le tour de l'Amérique latine ou des terres de Mongolie. Vous rencontrerez des personnes ayant fait les mêmes choix que vous. Ce sont elles, désormais, qui deviendront à vos yeux la « norme ».

Déménager, c'est aller de l'avant

Pourquoi déménager nous chamboule-t-il autant ?

> « En 1889, à l'âge de dix-sept ans, mon grand-père quitta sa famille et ses amis en Suède pour s'embarquer vers les USA. Il empaqueta tous ses biens dans un petit coffre de bois. Aujourd'hui, j'ai ce coffre, auprès de mon bureau. Ses planches se gondolent sur le cadre rectangulaire. Il se bombe. Le bois lui-même, maintenant endommagé en certains endroits, a foncé. Je n'ai pas beaucoup voyagé moi-même mais j'ai dans mon grenier deux valises, trois sacs de voyage, trois sacs de couchage, une ou deux tentes de camping… Tout cela ne tiendrait certainement pas dans ce petit coffre. Je n'y ferais même pas tenir de quoi aller faire un pique-nique. […] Pourquoi ? Est-ce que je manque de cette légèreté nécessaire ? De cette Lumière nécessaire ? »
> PHILIP HARDERN, *JOURNEYS OF SIMPLICITY, TRAVELING LIGHT WITH THOMAS MERTON, BASHÔ, EDWARD ABBEY, ANNIE DILLARD, & OTHERS*

Quoi qu'on en dise, aucun déménagement n'est anodin. Déménager, c'est – plus que quitter quatre murs – abandonner un environnement familier, des habitudes, des voisins et des commerçants qui sont devenus, au fil du temps, des amis. On oublie cependant que le véritable « chez soi », c'est aussi ceci : une atmosphère, un sentiment de confort, de joie et d'intimité. C'est aussi une certaine odeur, une façon personnelle de ranger ses couteaux et ses fourchettes, mille petites manies personnelles. Quel que soit le nouveau lieu où vous emménagerez, c'est grâce à vos quelques meubles et objets préférés, à votre bon vieux fauteuil vos livres, aux visites de la famille et des amis que vous serez chez vous. Un petit studio aux rideaux et au-dessus de lit neufs, un bouquet de roses, de la bonne musique et l'odeur d'un gâteau qui cuit peuvent apporter à un petit logis tellement plus de chaleur qu'une grande maison envahie de souvenirs malheureux et de courants d'air glaciaux ! Déménager peut être alors un élixir de jouvence, l'assurance d'une vie plus confortable et la mise aux oubliettes de certains événements négatifs du passé. Cela permet de faire le tri dans sa vie, d'évacuer toutes sortes de charges matérielles, psychologiques, émotives et affectives pour alors revenir à l'essentiel. Un essentiel frais, positif et fort.

Le plus important pour se décider à déménager ? Un bel environnement

« Ne pas désirer la richesse
Ne pas désirer un bon repas
Ne pas désirer une position élevée
Ne pas désirer une riche maison

> Un beau voyage près de sa maison, voilà
> ce qu'il faut désirer.
> Et vivre auprès de l'eau courante. »
> HUA SHAN : « UNE MER DE NUAGES »
> (PROPOS RECUEILLIS PAR BILL PORTER DANS
> *LA ROUTE CÉLESTE, MES RENCONTRES AVEC LES ERMITES CHINOIS D'AUJOURD'HUI*)

Ce n'est pas la dureté de la vie qui est à craindre, mais l'ennui et l'insatisfaction. Lorsque vous décidez de l'endroit où vous voulez vivre, plus que sa superficie, c'est l'emplacement qui vous apportera de l'énergie et de la joie de vivre : lorsque vous choisissez un logis, c'est aussi tout ce qui l'environne qui devient votre nouvelle vie. Qu'il s'agisse d'une toute petite maison sans terrain mais avec une vue merveilleuse ou d'un deux-pièces avec vue exceptionnelle au cœur d'une grande ville, c'est la qualité et la beauté de l'environnement qui feront que, même si votre habitation est minuscule, vous ne vous ennuierez jamais. De plus, vivre dans un bel environnement coupe l'envie frénétique de consommer tout et n'importe quoi. Lorsque l'on vit dans un bel endroit, on a besoin de très peu. Le fait seul de faire une promenade autour de chez soi suffit à apporter du plaisir. Un jardin public, une rue élégante, un bord de mer ou la vue sur des montagnes : tout cela nous appartient quand nous choisissons un tel lieu pour vivre.

Anticiper le grand âge

Il n'est jamais trop tôt pour prendre ses précautions

Si certains ont la chance de rester en bonne santé jusqu'à leur dernier jour, qui peut nous assurer que demain nous n'aurons pas de problèmes de santé ou peut-être même d'argent ? Les jeunes d'aujourd'hui toucheront-ils les mêmes retraites que nous ? Il serait bien arrogant et présomptueux d'affirmer que, parce que nous mangeons sain, faisons de l'exercice et sommes aujourd'hui en bonne santé, cela nous préservera de toute maladie, car cela ne dépend malheureusement pas toujours d'une hygiène de vie impeccable ou d'un moral à toutes épreuves. Viendra probablement l'âge, par exemple, où vous ne pourrez plus conduire (l'Espagne retire le permis de conduire aux plus de soixante-dix ans, le Japon incite les citoyens à rendre le leur, de leur propre gré), où votre vue baissera, où vous ne pourrez plus aller faire seul ses courses, où vous peinerez à grimper des escaliers. Éviter de parler de ces probabilités et se reposer sur la providence ou sur sa descendance pour prendre soin de soi plus tard n'est qu'égoïsme, immaturité et lâcheté.

Ce n'est pas à soixante-dix ans qu'il faut envisager l'endroit où l'on passera ses vieux jours

> « Pendant que l'on attend de vivre, la vie passe. »
> SÉNÈQUE, *LETTRE À LUCILIUS*

Au Japon, l'un des pays détenant le plus de centenaires, on constate que ce sont les personnes ayant compté toute leur vie sur les autres qui perdent la tête et souffrent de cette maladie très courante ici appelée la « démence sénile ». Celles, au contraire, qui se sont assumées et ont tout fait pour ne pas peser ou se reposer sur les autres semblent épargnées. Cela expliquerait pourquoi les hommes, qui la plupart du temps se font servir, sont beaucoup plus nombreux à être atteints par cette maladie que les femmes (celles qui en souffrent se sont souvent fait servir par leur belle-fille chez laquelle elles logeaient, comme c'est la tradition au Japon, ou par leurs enfants). Ces personnes n'ont jamais envisagé concrètement ce qu'elles feraient après leur retraite et ont laissé à leur famille tout le poids des décisions à prendre et des responsabilités à endosser. Ne comptez donc sur autrui pour s'occuper de vous plus tard. Cette faiblesse risquerait de vous coûter bien plus que vous l'imaginez.

Une petite demeure est beaucoup plus sécurisante pour les personnes âgées

Risque de chutes dans les escaliers, nombre excessif de pas à faire pour se rendre du salon à la chambre, de la chambre à la salle de bains… Plus un logis est petit, mieux il est adapté aux personnes âgées. Dans trop d'espace, elles n'ont plus leurs repères (surtout quand leur vue est déficiente), elles cherchent souvent les choses (du fait d'une mémoire défaillante) et pensent, dès qu'elles ne peuvent mettre la main dessus, qu'on les leur a volées. Elles se sentent vulnérables et craignent d'être la cible de voyous, et elles n'ont pas tort : le risque d'agression est beaucoup plus élevé lorsqu'une personne âgée vit seule, isolée, que lorsqu'elle loge dans un petit appartement en ville avec des voisins qui la connaissent. Au Japon, beaucoup de personnes âgées seules ont l'habitude d'aller prendre chaque matin leur *mô-ning* (leur petit déjeuner) dans un café du voisinage. Si elles sont absentes un jour, on cherchera à savoir si elles n'ont pas de problème. Dans ce pays également, où un quart de la population a aujourd'hui plus de soixante ans, une nouvelle mode voit le jour chez les personnes à la retraite : le *home downsizing* (réduction de la superficie de l'habitat). C'est ainsi que certains font tout simplement raser la partie supérieure de leur maison et refaire une toiture. Ils expliquent ce choix par le besoin de simplifier et « ranger » leur vie (en se désencombrant de toutes sortes de choses désormais inutiles), de ne plus avoir à monter des escaliers, d'avoir moins de soucis d'entretien, de payer moins en énergie et en impôts fonciers.

Un petit appartement pour soi et un studio à proximité

De plus en plus, les retraités des pays « riches » (USA, Canada, Japon, France…) commencent à faire appel, pour s'occuper d'eux en cas de handicap, aux services d'une aide à domicile à plein temps. Pouvoir la loger peut tout simplement éviter d'avoir à aller dans une maison de retraite. L'une de mes connaissances a ainsi vendu sa grande maison isolée à la campagne et a acheté un petit appartement en ville avec, dans le même immeuble, un studio qu'elle loue. Le jour où elle aura besoin de soins, elle y logera son aide à domicile et le salaire qu'elle lui versera ne lui reviendra pas plus cher que le prix d'une pension complète en maison de retraite. En attendant, elle touche grâce à ce studio un petit revenu locatif lui permettant de compléter sa retraite et d'avoir de quoi rester chez elle le plus longtemps possible, même si elle devient un jour invalide, entourée de ses objets, de ses proches et de ses habitudes. Une solution certainement préférable à ces résidences coûteuses pour le troisième âge qui demeurent impersonnelles, malgré les efforts du personnel et le confort qu'elles offrent.

Un petit appartement avec ascenseur

Un petit appartement avec ascenseur est une nécessité pour les personnes âgées. La mère d'une de mes amies ayant toujours refusé de quitter sa grande maison après le départ de ses enfants puis le décès de son mari a eu, comme de nombreuses personnes de son âge, des problèmes de genoux et de hanches. L'accès à son intérieur nécessitant de monter des marches (pour atteindre le perron et les chambres à l'étage), il lui fut impossible, à partir d'un beau jour, de pouvoir sortir ou de rentrer chez

elle seule. C'est alors que ses enfants tranchèrent : « Maison de retraite ! » Elle aurait peut-être pu, si elle ne s'était pas entêtée à garder cette trop grande maison, occuper en pleine ville un agréable petit deux-pièces avec ascenseur, où elle serait encore.
Si vous commencez à avoir du mal à monter ou descendre les escaliers, il est vraiment temps pour vous d'agir avant que d'autres le fassent à votre place. Ou que vous fassiez une mauvaise chute.

L'avis d'un ami norvégien sur l'habitat dans le grand âge

> « En ce qui concerne le bonheur, peu de changements sont arrivés au cours des siècles derniers. Notre compréhension en la matière a peu progressé et nous n'avons rien appris concernant les façons d'accéder à cette bienheureuse condition. »
> MIHALY CSIKSZENTMIHALYI, *VIVRE*

Quelle ne fut pas ma surprise, alors que je n'avais encore que trente ans, d'entendre un ami norvégien séjournant, comme moi, à New York, me répondre, alors que je lui demandais si la campagne norvégienne et la neige ne lui manquaient pas et, son épouse étant américaine, s'il pensait retourner vivre dans sa campagne natale plus tard : « Il est bien de vivre à la campagne lorsqu'on est jeune mais, lorsqu'on a atteint un certain âge, il vaut mieux vivre au cœur d'une ville pour tout avoir à proximité et profiter de l'animation. » À l'époque, je n'avais jamais envisagé la vie de ce point de vue. Une de mes voisines, à Paris, vit seule dans un petit studio. Sa fille la supplie d'aller s'installer près de chez elle, dans un village de province ; mais ma voisine, malgré ses quatre-vingt-sept ans, s'y refuse. Elle adore marcher et arpente les rues de la capitale pendant deux heures chaque jour. Que ferait-elle, me dit-elle en riant, isolée dans un village à la campagne, alors qu'elle a toujours vécu en ville, et que ses deux plus grands bonheurs sont les rues de la capitale et son petit studio aux murs tapissés de rose ?

Un couple retraité intelligent

Ces retraités habitent, depuis le début de leur mariage, dans une grande maison qu'ils aiment beaucoup. Mais l'âge avançant, ils se rendent compte qu'ils ne pourront peut-être plus y rester bien longtemps. Ils ont donc acheté, avec leurs économies, un petit appartement douillet et coquet au cœur de la ville près de leur résidence actuelle. Je pensais qu'ils avaient l'intention de le louer. Eh bien non ! Régulièrement ils s'y rendent et l'aménagent, le décorent, visite après visite, à leur goût, emportant au compte-gouttes les objets de leur grande maison auxquels ils tiennent le plus. Ils préparent tout simplement leurs vieux jours à venir avec sérénité, sachant qu'en principe, lorsqu'ils seront obligés de quitter leur vaste demeure, ce n'est pas dans une maison de retraite qu'ils iront mais dans cette petite résidence qui est déjà la leur et qui le devient un peu plus chaque semaine.

5

COMMENT FAIRE D'UNE SURFACE RESTREINTE UN PETIT PARADIS

L'agencement de l'espace
Un espace visuellement spacieux
en dépit de sa petite surface
Astuces pour un gain de place

L'agencement de l'espace

Une habitation n'a pas besoin d'être grande pour être belle

> « Le confort, c'est 98 % de bon sens
> et 2 % d'esthétique. »
> CONRAN, DESIGNER

Il est parfaitement possible de vivre avec goût dans un tout petit studio. Celui-ci peut même, paradoxalement, devenir immense sans que son aménagement soit volontairement compact. Tout dépend de la façon dont il sera choisi (avec par exemple une vue imprenable sur un fleuve, la mer ou un parc) et habité. Que vous viviez dans un studio ou un petit deux ou trois-pièces, vous pouvez faire de votre habitat un petit bijou confortable, intime et joyeux. Une chambre de bonne de douze mètres carrés peut devenir aussi douillette qu'une cabine de yacht ou qu'une chambre d'hôtel de luxe. Confort thermique, petit écran plasma, mini réfrigérateur, four à micro-ondes…, chaque fonction vitale (manger, dormir, se laver, se relaxer) peut être ainsi assurée de façon extrêmement confortable. Mais la maîtrise d'un certain art est nécessaire : celui d'agencer intelligemment et esthétiquement l'espace. Certains architectes vous diront même qu'en général, plus une maison est grande, plus elle est mal conçue ! Techniques architecturales et agencements astucieux sont donc nécessaires pour vivre dans un petit espace avec grâce et confort.

Le plus petit des appartements, le studio

> « Notre maison est notre coin du monde. On l'a souvent dit, c'est notre premier univers, un vrai cosmos à tous les sens du terme. Si nous la regardons en toute intimité, la plus humble habitation a de la beauté. »
> GASTON BACHELARD,
> *LA POÉTIQUE DE L'ESPACE*

Le studio d'origine, celui que l'on trouve « tout prêt » dans la plupart des immeubles modernes est en général fort bien agencé : entrée, salle de bains, petite cuisine indépendante et pièce à vivre. S'il est intelligemment aménagé, il peut permettre à son occupant de vivre très confortablement. C'est le type de logement le plus courant des jeunes célibataires ou des jeunes ménages, mais aussi des personnes plus âgées « sages ». Sa prolifération dans les grandes métropoles a d'ailleurs entraîné un nouveau type d'architecture intérieure, des idées neuves et de nombreuses trouvailles, parfois même reprises pour l'aménagement d'appartements plus classiques. Même si son espace est restreint, il peut, s'il jouit d'une double exposition, de poutres anciennes, d'un coin cheminée, se métamorphoser en une habitation extrêmement cossue. Les décorateurs les plus talentueux arrivent quelquefois à transformer une vingtaine de mètres carrés en de véritables petits joyaux. Pourquoi ne pas s'inspirer des intérieurs de chambres d'hôtel chez soi avec, en plus, une petite cuisine et un coin buanderie ? La plupart d'entre nous adorent entrer dans une pièce vide de tout élément personnel mais comprenant le nécessaire vital : un lit aux draps blancs et repassés, une table et deux chaises, un bureau avec, dans le tiroir, un peu de papeterie, un fauteuil et son lampadaire, un sol recouvert de moquette, une salle de bains avec savon, shampoing, brosse à dents et dentifrice, l'ensemble aménagé et étudié de façon à former un tout harmonieux, confortable et chaleureux.

Nos besoins vitaux sont simples : dormir, manger, se laver

> « Chaque moindre petit coin est utilisé mais notre cabine ne semble pas encombrée. Le centre du plancher est complètement dégagé. Rien ne traîne, en fait. On voit si peu d'objets en entrant que l'effet général est celui d'une pièce vide. Un jour, quelqu'un est venu en notre absence et il croyait que nous avions déménagé. Les fenêtres n'ont pas de rideaux, ce qui rend la pièce plus grande. Les problèmes de rangement ont été comme un puzzle à assembler et bien souvent la solution était ingénieuse. Rien n'est arbitraire ou simplement décoratif. Cette coquille que nous nous sommes construite, ou, plutôt, qui s'est développée autour de nous, est devenue aussi efficace que celle de la moule de rivière. Il y a très peu d'espace perdu. De nombreux objets ont un emploi inattendu. De nombreux compartiments sont cachés, telle cette table de pin faite pour

> être accrochée sur le mur de dessous la fenêtre, un endroit merveilleux pour faire de la couture ou prendre les repas dans la journée. Quant aux repas en face de la cheminée, une des malles est tirée de dessous la fenêtre et on y dresse la table. À d'autres moments, une autre table, amovible, remplie de plats et de vaisselle, est tirée sur le pont ou sur la berge. Quand on ne l'utilise pas, elle se glisse à nouveau, invisible, contre le mur. Nos livres sont près du feu, là où nous lisons. »
>
> HARLAN HUBBARD, *SHANTYBOAT : A RIVER WAY OF LIFE*

Ce magnifique livre décrit l'expérience d'un couple d'Américains qui, après avoir tout quitté, ont décidé de descendre le plus longue fleuve des États-Unis, le Mississippi, en ne comptant que sur leurs propres moyens. Ils passèrent sept ans sur leur *shantyboat*, sorte de grande barque sur laquelle est aménagée une cabine d'habitation. L'hiver, le couple faisait des haltes, l'eau gelée ne lui permettant pas d'avancer et, à la belle saison, il louait pour quelques mois, sur les berges, un bout de terrain pour cultiver des légumes qu'il mettait en conserve pour se ravitailler lors de la descente. Ce récit nous convainc, une fois de plus, que ce n'est pas la nature de l'habitat où nous vivons (un *shantyboat*, en l'occurrence) ni son espace qui comptent mais la qualité de vie que nous menons et la réalisation de nos rêves.

Tout espace, pour devenir un cadre, doit être délimité

Cette règle n'échappe à aucun habitat. Un intérieur bien conçu n'est pas forcément un grand intérieur. Ce qui compte avant tout c'est l'aisance et la qualité de vie qu'il permet et le soin avec lequel il a été aménagé pour que rien ne manque et que rien, cependant, ne soit superflu. Car c'est justement ce type de lieu qui offre une vie calme, mesurée et ordonnée. Pour cela, cependant, rien ne doit être laissé au hasard. Qu'il s'agisse d'un studio ou d'une petite maison pour quatre, l'important est de pouvoir préparer de vrais repas, se laver, dormir dans le silence et se détendre. Ce n'est pas la superficie qui importe mais la jouissance des lieux selon des besoins précis. Le musicien aura besoin d'une pièce pour jouer, le bricoleur de son petit coin atelier. Mais quelle que soit la superficie, celle-ci doit être utilisée à son maximum.

Ce n'est pas parce qu'une cuisine est grande qu'on y cuisine mieux

> « Les livres, on peut les emprunter à la bibliothèque. La maison possède un réfrigérateur mais à l'avenir on pourra s'en passer en commandant tous nos repas à l'extérieur. »
> SHUHEI ENDOH, ARCHITECTE JAPONAIS

Une cuisine n'a pas besoin d'être grande. Au contraire, plus elle est petite, plus elle est fonctionnelle. Un petit coin cuisine, construit en U autour d'une surface juste assez grande pour pouvoir se retourner et où sont rassemblés à portée de main tous les appareils électriques (réfrigérateur, four à micro-ondes, lave-linge), la batterie de cuisine (poêles, casseroles), un égouttoir mural accroché au-dessus de l'évier, des placards du sol au plafond, etc. rend l'acte de cuisiner beaucoup plus agréable que d'avoir à se démener dans tous les sens pour s'emparer d'un pot de moutarde. Bien sûr, il faut parfois faire preuve d'imagination et inventer de petites astuces dans un espace réduit, comme poser sa planche à découper à califourchon sur les rebords de l'évier mais tout avoir sous la main fait gagner du temps et évite bien des déplacements et des milliers de pas inutiles dans une vie.

La salle de bains, la douche et les W-C

Soyons honnête : que faut-il de plus, pour être propre comme un sou neuf, qu'un bac de douche et de l'eau chaude ? En réalité, cela ne nécessite pas plus, en surface, que 80 centimètres sur 80 centimètres. Trois barres installées au plafond peuvent, en outre, faire office de séchoir pour le linge. Les toilettes, quant à elles, n'ont pas besoin d'être immenses pour recevoir la reine d'Angleterre. La taille de celles des avions vous empêchent-elles de les utiliser ? Enfin, le lavabo : les Japonais d'autrefois se brossaient les dents dans l'évier de leur cuisine, la salle de bains n'étant aménagée que pour le bain et par conséquent sans lavabo. De nos jours, même s'ils ont de vraies salles de bains avec écran de télévision mural, espace séparé avec doubles vasques, tabourets et pèse-personne incrustés dans le sol, ils continuent parfois à se brosser les dents dans leur cuisine. Et puis, nombreux sont ceux qui se brossent les dents sous la douche. Alors, à quoi bon, lorsqu'on a peu de place, avoir *et* un lavabo *et* un évier ?

La pièce à vivre et la chambre

Dormir et vivre (manger, lire, regarder la télévision…) peut être compatible dans une seule et même pièce. Ne vous est-il jamais arrivé de dormir sur votre canapé ? C'est le principe même du studio, dans lequel on dort, mange et reçoit ses amis. Un canapé-lit suffit pour dormir, lire et manger (les jeunes aujourd'hui ne veulent plus chez eux des traditionnelles tables à manger de leurs parents. Ils préfèrent prendre leurs repas sur une table basse. Même lorsqu'il s'agit de la pièce à vivre d'une famille entière, cet espace n'a pas besoin d'être très spacieux si parents et enfants ont leurs chambres à part. Deux canapés en vis-à-vis avec, au milieu, une table à piston réglable à différentes hauteurs selon les activités (manger, recevoir…), peut à la fois faire office de pièce à recevoir (quand la table est basse) et de salle à manger (quand elle est remontée). Un, ou deux poufs installés à chaque extrémité, permet alors à une assemblée de six à huit personnes de festoyer.

Inutile d'avoir une grande chambre

Une chambre n'a pas besoin d'être grande pour être confortable. On n'y est, de toute façon, que généralement assis ou allongé. Un lit, une ou deux tables de nuit, un pan de mur entièrement aménagé pour concevoir une penderie à vêtements, des casiers fermés de rangement, une planche de travail – rabattable ou non, style secrétaire –, des étagères pour les livres et un écran de télévision peuvent facilement tenir dans six mètres carrés. De plus, beaucoup regardent aujourd'hui la télévision, travaillent ou lisent sur leur ordinateur portable ou leur tablette. Mais le summum du confort, dans un petit appartement, c'est peut-être l'alcôve. Quel plaisir de s'y enfermer, entouré de ses livres et d'une tasse de thé posée sur une des étagères tapissant les murs ! Le lit peut être un simple matelas ou un futon japonais placé sur un coffrage qui, lui, fait office de coffre de rangement.

L'importance des sièges et de la literie pour le confort

> « Il avait meublé son deux pièces – au prix, inévitablement, de certaines choses essentielles – avec un certain luxe, quoique approximatif. Il apportait un soin tout particulier aux sièges – des fauteuils profonds et moelleux –, aux rideaux et aux tapis. Il assurait avoir ainsi créé un intérieur “qui garantisse la dignité de son ennui”. »
> XAVIER DE MAISTRE, *VOYAGE AUTOUR DE MA CHAMBRE*

Comment parler de confort sans évoquer le moelleux d'un bon fauteuil, la fermeté d'un matelas ou la légèreté d'une petite chaise ? Nous sommes, avant même d'être des êtres pensants, des êtres sentants. Notre corps a besoin de trois sièges : l'un, droit et solide, pour travailler et manger ; l'autre, plus doux, (un fauteuil ou un canapé confortable) pour se détendre ; un troisième enfin sur lequel s'allonger (lit, futon, immense canapé). Mais ce qui prend indéniablement le plus de place dans une pièce, c'est le lit. Difficile, donc, dans peu de superficie, de faire tenir *et* un lit *et* un canapé. Bien sûr, il y a les canapés-lits. Mais ils sont lourds, en général volumineux (leur dossier ne colle pas toujours au mur) et peu confortables. La solution, pour une toute petite pièce, est un beau petit canapé (ah, quel style que le fameux LC2 de Le Corbusier !) et un futon. Les futons japonais ou coréens sont extrêmement compacts et prennent très peu de place, une fois pliés dans un placard. Je range les miens dans un placard de plafond, au-dessus de mon bureau. Une fois qu'ils sont étendus sur la moquette, c'est toute la pièce qui devient un immense lit. Leur fermeté est un excellent moyen d'éviter les hernies discales et ils peuvent être mis à aérer à la fenêtre les jours de soleil. Cuir blanc, moquette gris perle… il suffit d'un ou deux éléments de luxe dans une pièce pour en faire un espace digne des plus beaux hôtels. L'avantage, lorsqu'on a choisi de vivre avec peu, est de pouvoir s'offrir le meilleur. Tables et canapés sont des investissements pour la vie. L'essentiel est donc de les choisir avec soin : confortables sans être volumineux et se « casant » bien dans de petits espaces.

Un espace visuellement spacieux en dépit de sa petite surface

L'éloge du vide

> « La beauté repose sur les nécessités… qui sont le résultat d'une économie parfaite. L'alvéole d'une abeille est construite sous l'angle qui lui donne le plus de résistance avec le moins de cire possible. L'os ou la quille de l'oiseau lui donne la force la plus altière avec le moins de poids possible. Il n'y a pas une seule particule à sauvegarder dans les structures naturelles… Un homme peut construire une simple chaumière avec autant de symétrie, de façon à rendre les palais les plus raffinés bon marché et vulgaires. Utilisez la géométrie au lieu de la dépense, puisez de l'eau dans un ruisseau, utilisez le soleil et la lune comme les plus beaux ornements de décoration de votre demeure. C'est encore cela le dominion légitime de la beauté. »
>
> Ralph Waldo Emerson

L'espace ! Quel grand mot… En matière d'habitat, il n'est pas à confondre avec superficie car qui dit « espace » ne dit pas toujours superficie en mètres carrés. Un intérieur minuscule, s'il est bien conçu, peut s'avérer plus spacieux qu'un autre, plus grand, mais qui n'a pas bénéficié des mêmes techniques d'agencement, du même soin à harmoniser les couleurs, à choisir les meubles ou à trouver l'emplacement exact d'un objet. L'élément principal, cependant, pour obtenir de l'espace, est le vide : il est fascinant de constater combien il peut, même dans la plus petite des pièces, offrir à l'œil et à l'esprit une… respiration, et aux objets une mise en valeur.

Les teintes claires rendent un lieu visuellement plus spacieux

> « Dans la mesure où cette maison n'offrait aucune espèce de place pour les objets domestiques usuels tels que commodes ou braseros longs, notre liberté de choix était totale pour mettre à exécution n'importe quel projet qui nous séduisait. »
> JUNICHIRÔ TANIZAKI, *UN AMOUR INSENSÉ*

Si vous voulez apporter de la clarté à un petit appartement et le rendre visuellement plus spacieux, le choix des couleurs et des matériaux est essentiel. Qu'il s'agisse du sol, des murs ou des meubles, choisissez des teintes claires. Leur clarté peut transformer les volumes. De jolis tons « coton », « lin », « ficelle », ou encore « nuages » et « cendres » offrent plus de chaleur qu'un simple blanc. La couleur la plus chaude et la plus reposante – qui, de plus, donne une couleur dorée à la pièce lorsqu'il fait soleil – est le jaune-beige pâle. Une petite touche de jaune dans le blanc ou le beige d'une peinture ou d'un papier rend immédiatement l'ambiance d'une pièce plus douce, dorée et chaleureuse.

Une seule palette de couleurs apporte de l'harmonie et agrandit une pièce

Choisir la même couleur pour toute sa déco peut agrandir un espace de façon spectaculaire. Bien sûr, vous ne trouverez jamais exactement les mêmes couleurs pour tout mais vous obtiendrez un intérieur en dégradés, très doux et raffiné. Je me souviens d'un intérieur anglais dont le rez-de-chaussée était intégralement dans les tons vert d'eau : fauteuils, canapé, vaisselle et même l'épaisse moquette de l'escalier menant à l'étage. Il régnait dans cet intérieur une grande paix et beaucoup d'élégance.
Les couleurs monochromes permettent de voir une pièce dans son ensemble, tandis que des couleurs contrastées dérangent l'œil. Bannissez également tout ce qui est à fleurs ou à motifs chargés, donc lourd, ainsi que les couleurs complémentaires comme le rouge et le vert qui offrent un contraste visuellement fatigant. Votre pièce s'agrandira si vous la décorez avec un maximum d'unité et, dans la mesure du possible, des couleurs et des matériaux similaires ou en harmonie. L'effet obtenu dépassera de loin tous les calculs et les théories des décorateurs.

La continuité des teintes au sol

> « Lumière ombreuse, une branche fleurie dans un vase, une calligraphie au mur, rien d'autre. »
> SOPHIE DE MEYRAC, *CONTES DE LA CHAMBRE DE THÉ*

Pour rendre l'espace serein et prolonger l'espace, privilégiez la continuité des teintes au sol. Un tapis ou une moquette de la même couleur que les teintes des murs et des revêtements du mobilier apportera une harmonie très agréable. Je ne peux m'empêcher, lorsque je vais à Londres, d'aller visiter le salon beige conçu par Franck Lloyd Wright à l'Albert Museum : tout – murs, sols, le dessus des chaises et des fauteuils – est recouvert d'une seule matière et d'une seule couleur : de la moquette beige, très fine. La moquette agrandit l'espace. De plus, elle est tellement plus confortable qu'un tapis ! Avez-vous déjà vu un hôtel avec du plancher au sol ? « Et les acariens ? » devez-vous penser… Eh bien, ne logent-ils pas aussi dans les fauteuils, les matelas ou les oreillers ? La seule exception à faire à cette règle de la continuité des teintes dans un espace, c'est lorsqu'il manque de la profondeur à une pièce : utiliser des teintes plus sombres, telles que les bruns, les gris, les bleus grisés ou les verts de Chine pour l'un des murs et rééquilibrer ainsi les volumes. Enfin, veillez à garder un pan de mur entier vide pour éviter l'oppression visuelle.

Le subtil mélange des effets « mat-brillant »

La peinture mate ou satinée sur l'ensemble des surfaces permet de donner du « relief » et de l'espace à une pièce. L'aspect brillant de la peinture capte la lumière pour en restituer les reflets. Son effet miroir fait ressortir chaque relief et met en valeur certains éléments d'une pièce : moulures, encadrements de portes ou de fenêtres… le subtil mélange d'effets mats-brillants s'anime sous toutes les lumières, que ce soit celles du jour ou celles de vos luminaires.

Les moulures pour dynamiser l'espace

Les moulures permettent d'accentuer l'architecture d'une pièce et d'en modifier les volumes. Poser des moulures en hauteur apportera la sensation d'élever une pièce. Si une pièce ne présente aucune forme particulière, aucun renforcement, les moulures, avec les meubles, aideront à en dynamiser les volumes. En revanche, si votre pièce est atypique ou présente une forme particulière, exploitez-en le charme. Ne l'uniformisez surtout pas ! Bien au contraire, renforcez-en les effets. Enfin, si vous n'avez pas de moulures, jouez sur la forme de vos meubles ou de vos aménagements muraux.

Agrandir une pièce grâce aux luminaires

Pour agrandir visuellement une pièce, le choix de bons luminaires est essentiel, car ils tiennent un rôle crucial à l'atmosphère-même. Ce sont eux qui… donnent le ton ! En fixant ces derniers en hauteur, sur toute la périphérie du plafond, votre pièce paraîtra plus spacieuse. Idem grâce à de fins tubes lumineux courant le long des plinthes. Si vous le pouvez, choisissez-en qui se modulent en intensité : vous pourrez ainsi créer différentes ambiances. Quant aux abats-jour sur pied (votre teint s'en portera mieux), préférez ceux de structure fine et de forme élancée. De minuscules ampoules de la grosseur d'une noix, cachées sous des étagères de livres, apportent elles aussi, de façon discrète et tamisée, beaucoup de charme à un intérieur.

Du bon usage des miroirs…

L'un des meilleurs accessoires pour créer une illusion d'espace est le miroir. Le miroir double tout ce qui s'y reflète, donc plus il est grand, plus il reflète d'espace et est efficace. Le miroir reflète aussi la lumière qu'il y a dans la pièce : ainsi votre pièce aura l'air beaucoup plus éclairée. Mais attention : si une belle glace bien positionnée est un élément de décor, en revanche en placer une pour simplement donner une impression d'espace fait apparaître l'exiguïté de l'espace comme un défaut. On peut par exemple utiliser un miroir pour apporter de la profondeur, en le fixant horizontalement au-dessus d'un meuble bas et ce, tout en longueur. Des portes de placard en miroir dans une entrée agrandissent l'espace en plus d'être utiles. Dans un séjour, au-dessus d'un meuble, un beau miroir capte la clarté et est très décoratif. Dans une salle d'eau exiguë, un miroir en bandeau horizontal augmente visuellement la largeur de la pièce. Mais attention : les miroirs donnent en général un aspect froid à une petite pièce et ils reflètent tout. Si du miroir de votre salon vous voyez le fouillis de votre plan de travail, c'est tout votre intérieur qui paraîtra en désordre !

Un seul pan de mur pour les rangements et la bibliothèque

Comme pour les objets et les éléments de décoration (tableaux, bibelots...), plus les meubles sont rares et de petites taille, plus une pièce paraît spacieuse. Afin d'éviter trop de meubles dans une petite surface, habiller un pan de mur entier, du sol au plafond, est idéal. Il peut être aménagé avec des étagères pour la télévision, la stéréo, les livres et les bibelots, et des placards fermés dans sa partie inférieure pour le rangement. Voici aussi un petit « truc » pour rendre l'espace plus paisible : placez les livres avec leur tranche vierge sur le devant. L'ensemble offre un joli dégradé des beiges différents de leurs feuilles, neuves ou jaunies. De plus, les invités indiscrets ne passeront plus un quart d'heure, le cou tordu, à savoir ce que vous lisez. Nos lectures sont personnelles.

La propreté, l'ordre et une bonne odeur

> « Ma demeure est parfaite. Juste assez grande pour que la vie domestique y connaisse la grâce qui tient de l'ordre. »
> GEORGE GISSING,
> *LES CARNETS D'HENRY RYECROFT*

Enfin, un autre élément que beaucoup surestiment, en ce qui concerne l'espace, c'est l'ordre et la propreté. Un lieu propre et rangé paraît en effet bien plus spacieux qu'un endroit désordonné et poussiéreux. Des vitres propres décuplent l'espace. Un bon encens, estiment les Japonais, agrandit lui aussi un lieu de manière magique, surtout lorsque ce dernier est dépouillé. Vous pouvez cependant obtenir le même effet avec tout bon parfum naturel, tels des bougies en cire d'abeille naturelle ou de la cire sur votre parquet. Ces odeurs rassurent, détendent.

Du mobilier simple, pratique et de petite taille

> « Une lampe-tempête répandait un peu de lumière dans la pièce. L'atmosphère était douillette, chaleureuse… je me demandais pourquoi les gens se plaisaient à encombrer leurs maisons de meubles, tant l'austère simplicité de ces lieux avait de charme à mes yeux. »
> WILFRED THESIGER, *LE DÉSERT DES DÉSERTS*

Pour rendre un petit espace plus spacieux, si vous n'avez pas les moyens de faire des rénovations importantes, gardez toujours à l'esprit qu'outre l'unité des teintes et les techniques d'un bon éclairage, le choix du mobilier est crucial. Choisissez des meubles simples et pratiques, au design aussi neutre que possible et aux formes géométriques (style danois ou années 1960, par exemple), aux proportions économiques et précises, sans ornementations superflues (moulures, motifs peints...) ou couleurs trop présentes. Troquez vos gros meubles pour de plus petits et de plus légers. L'effet sera spectaculaire. Donnez la priorité aux meubles « nomades » légers et pliants. Trois valises empilées (dans lesquelles ranger ses vêtements hors saison par exemple) peuvent faire office de table de nuit. Deux piles de magazines de mode, de vieux bottins ou des dictionnaires rarement consultés sur lesquels repose un simple et beau morceau de verre taillé en biseau offriront à votre salon une table basse facile à ajuster à la hauteur désirée. Pensez également aux tables gigognes ou aux tables avec piston à hauteur ajustable. Si vous avez de jeunes enfants, choisissez du mobilier facile à transporter (une petite chaise en osier ou une table en bois ultralégère). Optez aussi pour des meubles transparents (telle une table en verre) ou des meubles bas (un petit *tansu* Yi Cho coréen) qui rendent visuellement beaucoup plus spacieuse une pièce exiguë.

Des objets sobres et discrets

> « Une petite théière, ronde, de terre cuite brun
> foncé. Le couvercle est surmonté d'une tortue
> tête levée. Théière polie par les années,

> couverte de la patine des mains. Elle l'accompagne depuis des années. Depuis toujours, murmure-t-il, le regard embrumé. »
> SOPHIE DE MEYRAC, *CONTES DE LA CHAMBRE DE THÉ*

C'est la capacité de l'œil qui peut rendre extraordinaire le quotidien le plus ordinaire. La beauté, dans un objet, n'est pas sa valeur marchande mais sa « santé » et sa modestie : un vase doit avoir une bonne assise, une porcelaine des couleurs non criardes. De tels objets ne fatiguent pas au quotidien et « nourrissent » l'âme par leur douceur et leur discrétion. Pour vivre agréablement dans un petit espace, il faut donc à tout prix éviter ce qui est voyant, « design », tapageur ou trop présent. Sinon la vie y devient intenable et étouffante. Plus vos objets seront neutres, modestes, aux couleurs naturelles, plus vous vous sentirez bien en leur présence, comme, en quelque sorte, en compagnie de personnes peu bavardes. Ce sont eux qui apporteront une touche de véritable « zen ambiance » à votre intérieur : une ambiance qu'il est difficile de trouver dans les magazines ou sur le Net car depuis que le zen est devenu un style, il a tellement été accommodé à toutes les sauces et a subi tant d'influences liées au marketing (bougies d'ambiance, statuettes de bouddhas, bols et baguettes imitation laque, grandes assiettes carrées et lourdes fabriquées industriellement...) qu'il s'est complètement éloigné de ses origines.

Des objets placés de façon à agrandir l'espace

> « La pièce est nue, vide, minuscule, si vaste. La bouilloire posée sur les tisons. Il y a là toute la fragilité des choses. L'homme écoute le frémissement de l'eau. Il y reconnaît les gouttes de pluie qui tombent sur les galets. »
> SOPHIE DE MEYRAC, *CONTES DE LA CHAMBRE DE THÉ*

Dans le monde du zen, l'espace et le vide ne sont pas des signes d'inutilité ou de simples styles décoratifs. Ils représentent l'infini des possibles, la source de toute forme. Ils invitent à regarder et à mieux écouter le monde environnant. Le vide, lui, confère énergie, paix et quiétude à l'âme. Mais, paradoxalement, c'est la présence d'un objet « justement » placé qui peut rendre un espace encore plus vide. Les spécialistes du cinéaste Ozu racontent comment celui-ci passait des journées à parcourir les antiquaires pour trouver *la* tasse parfaite pour tel ou tel gros plan. Ils expliquent que pour lui, le choix des objets faisait tout autant partie d'un bon casting que celui des acteurs. Un brasero posé au bon endroit dans une pièce avait le pouvoir magique de créer de l'espace et de mettre en valeur le vide ou la présence des personnages.

L'accumulation n'apporte que l'inertie

> « Chaque chose possède sa propre valeur mais se trouve liée à toutes les autres dans

> sa fonction et sa position. La vie ordinaire correspond à l'absolu, ils vont l'un et l'autre comme le couvercle va à sa boîte. »
> SHIH-T'OU HSI-CH'IEN, GRAND MAÎTRE ZEN CHINOIS DU VIIIE SIÈCLE

Il est possible d'embellir sa vie rien qu'en s'entourant de quelques objets tout à la fois utiles et esthétiques. Ce sont eux qui apportent le calme et la sérénité à un intérieur. Si votre logis est moderne (les meubles contemporains, reconnaissons-le, conviennent mieux aux petits intérieurs), il se peut qu'il paraisse un peu froid et impersonnel. N'hésitez pas, si c'est le cas, à le « réchauffer » grâce à quelques objets patinés ou très ordinaires. Ce sont eux qui adouciront l'ambiance et apporteront un petit air d'antan rassurant.

Astuces pour un gain de place

L'importance des rangements dans un petit logis

> « Répondre à l'amitié des choses si heureuses
> d'être bien traitées, si soigneusement reposées. »
> Rilke, *Lettres à une musicienne*

Plus un logis est exigu, plus le rangement y est important : l'encombrement ne peut qu'y sauter aux yeux ; le regard s'accrochera à tous les objets qui sont dans la pièce. En revanche, un appartement où tout a sa place et chaque place sa chose aide bien plus qu'on peut l'imaginer à organiser sa vie de façon sereine, équilibrée et joyeuse. Plus les rangements sont pratiques, fonctionnels et pensés, plus les objets sont rares, et plus la vie devient dans de tels intérieurs un havre de paix et de confort. Ne gardez que les quelques objets qui vous sont les plus indispensables et les plus chers. Rangez-les dans des placards, des meubles ou des boîtes sur des étagères. Tout espace, dans un petit logis, doit être précieusement exploité. Même très petit, un logis peu meublé et encore moins décoré paraît spacieux.

Tout doit être organisé de façon à ce que les objets soient rangés là où ils seront utilisés

> « La grâce ? Une action accomplie sans l'utilisation de la force. Quelqu'un qui se meut élégamment utilise sa force musculaire avec un minimum d'efforts. »
> HERBERT SPENCER, PHILOSOPHE

Sacs, chaussures, mouchoirs, boîte pour le courrier, nécessaire à cirer les chaussures… tout cela, par exemple, se trouvera dans l'entrée, quitte à être caché sous un rideau fixé sur la porte d'entrée, et accroché dans des sacs et des pochettes sur des clous et des patères. Les chaussures, elles, peuvent rester dans leurs boîtes, empilées près de la porte d'entrée si vous n'avez pas de place pour un placard, ou sur une étagère en hauteur. De grands casiers plats sous un canapé ou un lit sont aussi pratiques pour mettre à profit ces espaces « morts ». Ne l'oublions pas : l'espace est un luxe. Il ne faut pas en gâcher un centimètre carré.

Ne négliger aucun détail

> « Souvent l'espace le plus étroit, grâce au talent de l'architecte, a pu s'étendre à plusieurs usages, et une habile ordonnance peut rendre le plus petit coin habitable. »
> SÉNÈQUE

Portes coulissantes, parois-accordéon, tables à rabats, rideaux pour séparer deux zones d'activité… il existe mille astuces pour délimiter et définir les zones selon leur fonction dans un petit appartement. Un radiateur-plinthe peut faire gagner un pan de mur entier ; un écran plasma faire office de porte de placard une fois monté sur des rails coulissants ; une tablette fixée sous le plan de travail de la cuisine se transformer en planche à découper. Quant aux objets « déco », ils devraient autant que possible faire également office de rangement : des coussins sur le canapé rembourrés avec des couvertures non utilisées, un plateau à thé à étages de style anglais, très peu encombrant, utilisé pour quelques fruits ou un paquet de bonbons, des clés, une boîte de médicaments ou une paire de lunettes. Les paniers superposés et accrochables, reliés entre eux par une chaîne, sont quant à eux très pratiques pour les fruits et légumes n'ayant pas besoin d'être réfrigérés. Ne négligez rien pour gagner le plus de place possible.

Réduire la taille de ses objets

> « Elle pointa du doigt une boîte de conserve, sur le plan de travail. “Si vous voulez apprendre à cuisiner, vous aurez besoin de cela. – Mais ce n'est que du lard en boîte ! – Non, ce n'est pas QUE du lard en boîte. C'est la plus importante invention dans la cuisine depuis le pot de mayonnaise… Eh non, ce n'est pas non plus de la graisse de cochon. C'est végétal. Qui, au monde, ne connaît pas le lard Crisco ? Vous n'avez aucune idée de tout ce qu'il peut faire, n'est-ce pas ? – Heu… il sert à faire frire les

> aliments, non ? – Pas seulement. Il peut décoller du chewing-gum des cheveux. Un doigt dans le pot et je soigne les rougeurs des fesses de bébé… Certaines femmes en mettent un peu sur leurs cernes et sur les callosités des pieds de leurs maris. […] Vous pouvez aussi l'utiliser pour décoller une étiquette, huiler les gonds d'une porte qui crisse. Si l'électricité est coupée, il suffit d'y planter un morceau de ficelle et il brûlera comme de la bougie. Et en plus de tout ça, vous pouvez faire frire votre poulet !" »
> KATHRYN STOCKETT, *LA COULEUR DES SENTIMENTS*

Pour vivre confortablement dans un petit espace, l'un des secrets est de réduire la taille des choses. Il existe aujourd'hui des mini-aspirateurs sans fil, d'adorables Cocotte-Minute de 2,5 litres, des sets « poêle, casserole, marmite » de 15 centimètres de diamètre avec un seul et même couvercle pour les trois, de petites machines à laver le linge de 3 kilos, des réfrigérateurs comme ceux des caravanes ou mobile homes (il y a finalement très peu de choses à mettre au réfrigérateur si ce n'est les produits laitiers, la viande et le poisson). De plus, bien que ces objets aient été créés pour des personnes vivant seules, ils sont grandement suffisants pour deux. Nous avons vécu avec tellement de choses trop volumineuses jusqu'à présent que le retour aux objets de petites tailles, légers et ergonomiques nous effraie. Devenez également un chasseur d'objets multifonctionnels comme une poêle profonde à couvercle ultra hermétique qui fait aussi office de friteuse, faitout, casserole, minifour (pour du pain maison ou une génoise, par exemple).

6

LES JAPONAIS ET L'ESPACE

Esthétique et culture : question de goûts et de critères
Un minuscule coin de nature à soi
Le tatami, concept architectural de génie

Esthétique et culture : question de goûts et de critères

Pourquoi vouloir nécessairement agrandir l'espace ?

> « La lumière anoblit tout ce qu'elle effleure.
> Le bois, la tranche des livres, le manche
> des couteaux, la courbe des visages et celle
> du temps qui passe, et même la poussière
> en suspens dans l'air. »
> Sylvain Tesson, *Dans les forêts de Sibérie*

On dit que celui qui ne comprend pas l'espace ne comprend pas le Japon. Cela se vérifie lorsqu'on visite un intérieur japonais traditionnel. Les Japonais n'ont jamais cherché à agrandir nécessairement l'espace. Ils préfèrent les intérieurs d'aspect intime, compact, ambigu. Pour eux, ce qui fait l'intimité et le charme d'une pièce, c'est justement sa petite taille. Certes, chacun a ses goûts, mais ceux-ci sont toujours plus on moins influencés par la culture dans laquelle on a évolué. Vouloir vivre dans un lieu très lumineux est également un des critères de luxe pour l'Occident. Les agents immobiliers ne manquent jamais d'attirer leurs clients avec des arguments tels que « appartement lumineux ». Les Japonais, eux, sont peut-être l'un des rares peuples au monde à préférer, traditionnellement, les intérieurs sombres. Leurs plus grands artistes en ont d'ailleurs fait l'éloge…

L'éloge de l'ombre et des intérieurs sombres

> [À propos des lieux d'aisance…] « J'ajouterai d'ailleurs qu'une certaine qualité de pénombre, une absolue propreté et le silence tel que le chant d'un moustique offusquerait l'oreille, sont des conditions indispensables. »
> JUNICHIRÔ TANIZAKI, *ÉLOGE DE L'OMBRE*

Autrefois les intérieurs japonais étaient, par souci d'esthétique et de confort, protégés autant que possible de la lumière. Leurs occupants aimaient par-dessus tout l'ombre, le bois, les recoins cachés. Une pièce japonaise traditionnelle est toujours une œuvre d'ébénisterie. Mais pourquoi cet amour de l'ombre ? Tout d'abord parce que dans un intérieur sombre, tout paraît plus beau. Êtres humains, objets… le jeu des ombres et les reflets rendent tout plus mystérieux, plus élégant. Lisez ou relisez *L'Eloge de l'ombre,* de JuichiroTanizaki. Vous comprendrez pourquoi ceux vivant autrefois dans des maisons claires ignoraient la beauté de l'or sur les paravents, sur les soies, sur les laques. La beauté d'une pièce d'habitation japonaise, produite uniquement par un jeu de lumière sur le degré d'opacité de l'ombre, se passe, explique Tanizaki, de tout accessoire. Cela n'est pas sans rappeler que les intérieurs anglo-saxons les plus cossus sont, bien souvent, très peu éclairés : leurs murs sont tapissés de panneaux sombres de bois rares, leurs fenêtres protégées de la lumière crue par de lourdes teintures – parfois même par des vitraux de couleur. Ils sont à l'opposé de ces intérieurs blancs, froids, lumineux et aux lumières crues proposés dans les immeubles modernes de classe « moyenne ». L'ombre, pour le repos du corps et de l'esprit, est tellement douce, tellement confortable ! Peu d'architectes, depuis les années 1970, prennent véritablement en compte, malgré leurs prouesses techniques, le confort de leurs habitants.

Pour les Japonais d'autrefois, le charme d'un intérieur passait avant sa taille

Le Japon, pays des singularités, aime donc les pièces dans lesquelles certains recoins sont volontairement sombres parce que cela leur confère du charme, du mystère mais aussi, paradoxalement, de manière riche et frappante, de l'espace. Dans ces petits intérieurs où tout est léger, flexible, net et compact, dénué de superflu, mais où rien ne manque, tout est mobile afin de s'adapter aux nécessités de l'instant. Pour cela, de nombreuses techniques sont utilisées : l'emploi d'objets mobiles en décor (petits braseros, tables pliantes, plateaux…) et surtout de paravents, de cloisons amovibles, de stores en bambou accrochés entre deux pièces aux portes coulissantes, etc. Ils sont d'ailleurs laissés la plupart du temps relevés, mais leur présence suggère la possibilité de transformer l'espace, et c'est surtout cela qui plaît à leurs occupants : ils savent qu'ils ont la possibilité de jouer à leur guise de l'espace, des lumières et des volumes.

Un minuscule coin de nature à soi

Le besoin de nature chez soi

> « J'ouvre la porte
> Et jette le marc de thé
> Rafale de neige ».
> SOBAKU, HAÏKU

La plupart des êtres humains ont besoin, par un moyen ou un autre, du contact avec la nature. Même dans les petits espaces, il est possible, avec de l'imagination, d'apporter celle-ci chez soi. Un balcon transformé en petit coin de jungle, un rebord de fenêtre fleuri ou même un bonzaï peuvent nous en rapprocher. Mais le plus fantastique des petits espaces et psychologiquement le plus… immense, c'est le jardin japonais. Ses créateurs ont eu le génie, une fois de plus, de muer la rareté de l'espace en richesse.

Le charme des jardins de poche

> « Créer le Japon chez soi, c'est d'abord une question d'esprit. »
> BERNARD JEANNEL, ARCHITECTE DE FORMATION, PAYSAGISTE PAR PASSION

Les maisons traditionnelles de Kyoto possèdent toutes, à l'arrière de leurs pièces, un minuscule jardin appelé *tsubo niwa* (que l'on peut traduire par la charmante formule : « jardin de poche »). Ce vrai jardin mesure en général deux tatamis, soit environ 3,3 mètres carrés, la taille d'un balcon. Mais dans ce minuscule espace sont présents chacun des éléments de la nature : un arbre, une plante fleurie, un plan d'eau, un rocher, une mousse… Tout y a été choisi avec le soin le plus extrême : un ou deux petits arbustes à feuilles résistantes, un ou deux pots de fleurs de forme pittoresque, quelques morceaux de rocher ou de gros caillou, la présence de l'eau (dans une grande vasque de terre cuite ou de pierre par exemple). Même si ces jardins sont très sombres (parce que construits entre les hauts murs des maisons voisines), l'art du raffinement est de réussir à faire en sorte que l'unique plante grimpante capte un peu de lumière. Les coins d'ombre, sous les plantes couleur émeraude, quant à eux, offrent la quiétude d'une véranda ou d'un couloir à ciel ouvert. Mais la beauté de ces jardins réside avant tout dans leur apparence rustique, hors du temps : une auge en bois délavé, un prunier nain (pour ses fleurs en février), un pin en pot de deux cents ans mesurant à peine soixante centimètres…

La fonction de ces micro-jardins

> « Dans la quiétude, je songe à l'agrément
> du jardin et des bois
> Avec certitude, du monde humain je peux
> prendre congé. »
> TAO YUAN-MING (POÈTE TAOÏSTE (365-427),
> *ŒUVRES COMPLÈTES*

Le plus important, dans un jardin de poche, c'est ce qu'il symbolise. Il n'est pas, comme les jardins occidentaux, un lieu destiné à flâner. Il n'existe que pour être regardé. Il invite à flâner, certes, mais à l'intérieur de soi. Il vise aussi à resserrer les liens d'intimité entre la nature et l'homme. Ces quelques mètres carrés de verdure suffisent à celui qui y plonge son regard pour se retirer dans son espace intérieur et s'évader loin, très loin. De plus, celui qui l'arrose, le soigne, affirme ressentir un calme et une profondeur comparables à la méditation. Il en retire aussi du *ki* en captant de cette beauté des énergies positives. Tous ceux qui ont un jardin s'accordent à dire que s'adonner à la culture de la nature procure des joies illimitées. Enfin, la contemplation de tels jardins devient, paraît-il, au fil du temps, une sorte de besoin vital. C'est, disent leurs propriétaires, comme contempler l'éternité dans le mouvement même de la vie.

Il est toujours possible d'avoir un peu de nature chez soi

Ne soyez pas contrarié si vous ne pouvez pas avoir votre propre jardin. Il suffit de flâner le nez en l'air, dans les villes, pour admirer de prodigieux balcons végétalisés et les reproduire chez soi. On peut, sur le rebord d'une fenêtre, déposer un grand bac de terre et y cultiver toutes sortes de plantes. Après quelques années, celles-ci finiront non seulement par déborder de vitalité mais par monter, descendre, telles des cascades et des plantes de la jungle. Certaines peuvent même descendre un ou plusieurs étages d'un immeuble. On voit parfois, à Paris, d'immenses jardins de balcon suspendus et, entre autres, des bambous en pot. Je n'oublierai jamais le studio d'un ami : il y avait invité chez lui la nature de façon complètement extravagante. Sa fenêtre donnait sur une rue sombre du Marais. Son intérieur au bois foncé était, à part quelques bougies et un canapé en cuir blanc, très sombre. Mais le plus impressionnant était l'absence de décoration intérieure. La fenêtre, en revanche, compensait – oh combien – ce décor ascétique : elle était magnifique, débordante, complètement envahie de plantes. Il y en avait partout : sur les côtés, sur les rebords et même sur la partie supérieure. On aurait dit une petite forêt. Le studio, lui, bien que minuscule, était devenu comme un bijou précieux dans son écrin de verdure, d'autant plus zen et spacieux que l'extérieur, lui, était abondant et luxuriant.

Les penjing, ces jardins les plus petits du monde

> « Toute réalité est en soi totale. Tout dans
> l'univers est comme l'Univers. »
> MARCEL GRANET, *LA PENSÉE CHINOISE*

Les plus petits jardins du monde étaient à l'origine chinois. Ils resteront probablement à jamais, pour ceux qui ont besoin de nature, de beauté et d'évasion, le summum du raffinement. L'histoire de ces jardins sur récipient, appelés *pengjing* en chinois, remonte au IXe siècle. Ils étaient alors très prisés des lettrés qui rêvaient de microcosme, antithèse de l'évasion et symbole du paradis. Ces jardins représentaient à leurs yeux, avec leurs arbres et leurs végétaux, le témoignage vivant de la permanence et de l'éphémère. Leurs amateurs voyaient dans une pierre la montagne, destinée de l'homme ; ils devinaient, dans le creux d'une autre, fendue et ayant subi les intempéries et les usures du temps si bien qu'elle avait fini par ressembler à un cratère de montagne, l'eau, symbole de sa prospérité. Ces pierres étaient d'ailleurs collectionnées et vénérés comme de véritables trésors. Même très petites, disposées avec science sur leur plateau, elles rappelaient à leurs adorateurs la dignité grandiose des paysages naturels les plus beaux. Bo Juyi, l'un de ces lettrés, écrit à leur propos : « Me retournant, je demande à mes deux pierres : "Pouvez-vous tenir compagnie à un vieil homme comme moi ?" Bien que les rochers ne puissent parler, ils me promettent que nous serons trois amis. » Il existe de nos jours encore quelques-uns de ces amateurs de *penjing*. Qui sait, peut-être que leur popularité renaîtra un jour ! Si vous avez un vieux plateau en bois inutilisé dans vos placards, pourquoi ne pas le ressortir, y déposer un bonzaï, puis aller à la recherche, le long des rivières, de quelques belles pierres, de mousses et de lichens ? Il existe d'excellents ouvrages et sites Internet vous expliquant comment créer votre propre *penjing*.

Le tatami, concept architectural de génie

Le tatami, un bref résumé de son histoire

> « L'esthétique, si l'on y réfléchit un peu sérieusement, n'est rien d'autre que l'initiation à la voie de l'adéquation, une sorte de voie de samouraï appliquée à l'intuition des formes authentiques… Ceux qui, comme moi, sont inspirés par la grandeur des petites choses, la traquent jusqu'au cœur de l'inessentiel, là où, parée de vêtements quotidiens, elle jaillit d'une ordonnance des choses ordinaires et de la certitude que c'est comme cela doit être, de la conviction que c'est bien ainsi. »
> MURIEL BARBERY, *L'ÉLÉGANCE DU HÉRISSON*

L'architecture du Japon a commencé, dit-on, avec quatre bâtons dans le sol destinés à délimiter un espace sacré dédié aux dieux shintoïstes. Mais c'est Rykyu, le grand maître de thé, qui lança la tradition des tatamis en concevant des pièces à thé avec ce revêtement de sol tellement beau qu'il fut d'abord copié par les plus riches puis adopté par le reste de la population. Un tatami est un cadre en bois sur lequel sont fixées des nattes de bambou tressé. Il mesure 1,80 mètre sur 90 centimètres, soit à peu près la surface occupée par une personne allongée. Il existe des demi-tailles de 90 centimètres sur 90 centimètres. Une pièce traditionnelle se compose généralement de trois, quatre et demi ou six tatamis. Leur assemblage forme alors une surface parfaitement carrée, proportion sacrée non seulement dans le shintoïsme mais aussi en géométrie : le carré contient le cercle, chiffre d'or de l'infini. Concrètement, dans les intérieurs japonais, une pièce carrée de tatamis renvoie donc une impression d'espace infiniment plus vaste que sa taille réelle, prouvant de manière « géniale » que la taille n'est qu'une illusion et que l'espace dépend du sens de l'échelle dans des proportions idéales.

Les proportions idéales du tatami...

Tout, dans un intérieur traditionnel au Japon, est construit en fonction des tatamis : non seulement la surface des sols (sur lesquels, en principe, rien ne doit être posé) mais aussi les ouvertures, la hauteur des plafonds et les surfaces de rangement (mesurant généralement un tatami ou/et un demi-tatami) ainsi que les meubles – appelés *tansu* – que l'on casait autrefois à l'intérieur de renfoncements sans porte. Le tout insufflait alors à l'ensemble un aspect très ordonné. Les proportions de telles pièces invitent à vivre dans l'instant et obligent à des principes où tout est ramené à l'essentiel : rien de superflu, une parfaite réduction à l'extrême. Le monde extérieur peut alors être oublié. De plus, une famille entière peut vivre dans ce type de superficie, malgré son étroitesse. Nombreuses étaient les familles de cinq ou six personnes, il y a encore un demi-siècle, à vivre dans des appartements comprenant seulement trois pièces : l'une de six tatamis (utilisée dans la journée comme pièce à vivre et le soir comme chambre parentale), une autre de quatre tatamis et demi (pour deux enfants par exemple) et une plus petite, enfin, de trois tatamis pour un parent âgé ou autre.

Une petite chambre de rêve

Il suffit, pour dormir, de très peu d'espace. Une chambre de deux tatamis, sans compter un placard profond d'un tatami de longueur et d'un tatami et demi de hauteur (jusqu'au plafond) pour les vêtements et la literie, un bon futon (matelas au sol que l'on range dans le placard la journée), de bons rideaux ou stores occultants et le calme sont tout ce qu'il faut, non seulement pour dormir paisiblement, mais pour avoir un espace à soi où lire, rêver, écouter de la musique ou travailler sur son ordinateur. Dans un appartement de petite surface, deux ou trois de ces chambres, insonorisées les unes des autres par les grands et profonds placards qui font office de cloisons, permettraient alors à une famille ne pouvant investir dans plus de mètres carrés une vie très confortable. De plus, quel plaisir que de dormir sur un futon ! Étalé au sol, il se transforme en un lit aussi vaste que la pièce elle-même. Dormir au sol sur un futon, c'est comme s'offrir une chambre d'hôtel de luxe avec un lit « *king size* ».

La tokonoma, autre élément de l'architecture japonaise

Les Japonais, même dans une pièce minuscule, ont souvent un espace en profondeur vide nommé *tokonoma* et destiné à créer, visuellement, un relief dans l'espace. On y expose généralement une peinture et une composition florale. Cet espace peut sembler être pure perte de place lorsqu'on ne dispose que de quelques mètres carrés pour vivre mais il est en réalité tout le contraire : le vide qu'il offre permet à l'esprit de se reposer et d'être tout à ses pensées. Il procure au regard un endroit où se poser et se reposer ; il crée un vide invitant au repos de l'œil et une fenêtre ouvrant symboliquement sur le vide intérieur, un néant infini dans lequel l'univers entier est contenu. Grâce à la tokonoma, même la plus petite des pièces peut devenir immense et apporter, par le vide ainsi créé, un calme profond et une force prégnante. Vous pouvez vous aussi, si vous avez un placard ou un renforcement dans un mur, concevoir votre propre tokonoma. Placez-y une commode, assez basse si possible et aux dimensions exactes du renfoncement. Vous aurez alors non seulement un rangement supplémentaire mais, au-dessus, un espace vide. Un miroir positionné au fond, ainsi qu'une petite lampe s'y reflétant, donneront à cette pièce une ampleur qu'elle n'aurait jamais eue sans cet espace apparemment superflu !

La culture japonaise et son architecture…

L'architecture japonaise fait partie d'une culture où rien n'est de trop. Le décor de la maison japonaise ne vise pas à exalter l'homme ou à le remplir d'orgueil. Il témoigne seulement de la simplicité et de l'humilité, d'une constante recherche de la beauté dans la petitesse du quotidien, et rappelle que l'espace est un luxe. On raconte que Rykyu, qui ne se servait pour ses cérémonies du thé que de bols et de spatules de petite taille, calculait la taille de ces dernières en… mailles de tatami. Son style, comme par enchantement, devenait alors incomparable : libre, ample, sans la moindre trace de précipitation. Rien qu'à le regarder faire, dit-on, on se sentait tranquille. N'était-il pas le modèle parfait des vertus nippones, à savoir la légèreté, la flexibilité, la propreté, la netteté et l'art de vivre « compact » ? Rappelons-le, le zen, c'est une vie à l'extrême faite de peu de moyens et d'une grande extravagance. Ses adeptes cherchent la perfection dans la mesure, la retenue, la modestie et la modération pour accéder à un monde de beauté et d'harmonie dépouillé à l'extrême mais stimulant pour la pensée. Ce type de structure ne renvoie pas à la sévérité d'une pratique mais à un style de vie fait pour toujours laisser place au devenir et au changement.

7

DE LA CABANE À LA MAISON-BIJOU

Les petites maisons à travers le monde
Des architectes inspirés
Un petit tour d'Europe

Les petites maisons à travers le monde

Le luxe de certains petits espaces

> « Je n'arrêterai pas mes efforts, tant qu'il me sera impossible de compter comme des œuvres d'art à part entière la maison où je dois vivre, les vêtements qu'il me faut porter et la cuisine qu'il m'importe de manger. J'irai plus loin encore : je souhaite concevoir ma vie elle-même comme un article manufacturé. S'il n'en va pas ainsi, mon cœur ne saurait éprouver la moindre satisfaction. »
> NAGAI KAFÛ

Cette esthétisation du vécu, donnant à l'existence humaine la dimension d'une œuvre d'art, s'est manifestée et continue à se manifester un peu partout à travers le monde. Nagai Kafû fut le dernier des lettrés de cette ancienne mode qui consistait à vivre dans un minuscule espace magnifiquement conçu et agencé. Peu d'écrivains ont médité avec autant de force et pratiqué avec autant de régularité l'exigence dans ce domaine. Vivre dans un tout petit logis ne signifie pas mener une vie dépouillée de beauté et de raffinement. Il existe de véritables petites maisons-bijoux, des appartements à peine plus grands qu'une cabane mais extrêmement luxueux.

Les tiny houses *(« maisons minuscules »)*

> « Vous achetez une grande maison et quand vous avez enfin fini de la payer, elle est déjà vieille, abîmée, elle nécessite des réparations et est trop grande pour vous, les enfants ayant déjà quitté le nid familial. »
> LE PROPRIÉTAIRE D'UNE *TINY HOUSE*, INTERVIEWÉ SUR INTERNET

Les États-Unis sont l'un des pays au monde où habiter une maison de deux cent cinquante ou trois cents mètres carrés a été jusqu'à récemment la norme. S'endetter à vie pour cette maison allait de soi. Mais les fluctuations économiques sont en train de changer bien des choses. On trouve désormais des sites intitulés « Je suis agent d'entretien, j'ai vingt-sept ans, une maison à moi et aucune dette ». Titre à sensation pour un tel pays ! Ce qui suit est alors l'aventure des *tiny houses*, ces maisons minuscules mesurant de quinze à trente mètres carrés, achetées en kit, construites en deux ou trois semaines, et coûtant, au grand maximum et complètement aménagées, à peine trente mille euros. Leurs propriétaires expliquent leur choix : rien n'est certain dans la vie et il est important de pouvoir se focaliser sur les priorités (passer du temps avec ses proches, prendre par exemple six mois de congés pour s'occuper de l'un d'eux s'il est malade, disponibilité qui serait impossible s'il fallait rembourser des mensualités). Pas de traites, donc pas d'obligations : c'est cela la liberté ! On peut ainsi profiter de la vie. Et puis… pourquoi payer pour du superflu (deux voitures, deux fois trop d'espace, de vêtements...) ? Pourquoi faire plaisir aux banques ? Pourquoi ne pas tout simplement vivre selon ses moyens ?

La première tiny house *française*

> « On se construit en construisant. »
> YVAN SAINT-JOURS, CONSTRUCTEUR
> DE LA PREMIÈRE *TINY HOUSE* EN FRANCE

Il y a quelques années, Yvan Saint-Jours a inauguré la première *tiny house* en France. Il raconte, dans une interview sur France Culture, dans l'émission *Terre à terre*, son formidable parcours, et il décrit le fruit de son travail : une *tiny house* sur roues (donc mobile, comme une caravane) de dix mètres carrés ; une vraie maison avec un toit à deux pentes et beaucoup de fenêtres, donc très lumineuse. Sa maison comprenait :

- Un lit à deux places en mezzanine
- Deux panneaux photovoltaïques
- Trois fusibles au tableau électrique (la consommation est très basse dans une *tiny house*)
- Des murs isolés avec du « métisse » (revêtement fait de vêtements recyclés, très isolant du point de vue calorifique et acoustique et très léger)
- Un four à gaz pas plus gros qu'une boîte de chaussures (celui de la même taille, à bois, existe aussi, mais on ne peut pas l'arrêter lorsqu'on a trop chaud), avec trois feux de marque italienne (matériel pour bateaux) mesurant 50 centimètres de haut, 45 centimètres de large et 50 centimètres de profondeur

– Un meuble vaisselle/égouttoir avec une porte mais sans fond (la vaisselle s'égoutte directement sur l'évier)
– Un carré de douche de 80 centimètres sur 80 centimètres avec son chauffe-eau instantané (l'eau chauffe avec l'énergie de son mouvement en coulant)
– Des toilettes pour bateau avec un système de filtre des eaux usées à l'extérieur de la maison ne pesant que 25 kilos
– Une dizaine de livres, etc.
Yvan Saint-Jours nous livre tous ses secrets, tous ses trucs. Même le prix : quinze mille euros (y compris les appareils électriques) en auto construction avec six semaines de travaux. Il apprécie surtout, dit-il, le fait de n'être ni propriétaire ni locataire (il s'est fait prêter un bout de terrain sur la ferme d'amis) et d'avoir désormais le luxe de travailler deux et même trois fois moins qu'avant pour vivre.

Des architectes inspirés

Les nouvelles petites maisons de rêve

> « Aujourd'hui j'ai fait une promenade et c'est tout au bout du chemin que j'ai trouvé la petite aspérule odorante à fleur blanche. »
> GEORGE GISSING,
> *LES CARNETS D'HENRY RYECROFT*

Une petite maison n'est pas toujours l'équivalent d'un produit bon marché ou la marque de conditions sociales précaires. La taille compacte de certaines habitations, leur efficacité, leur discrétion (un design apparemment simple mais extrêmement sophistiqué) ou leur originalité et surtout la perfection de leurs finitions en font de véritables petits joyaux. Il suffit de surfer sur Internet pour trouver, une fois de plus, de merveilleux mini cottages. C'est toute une nouvelle génération de consommateurs qui voit le jour. Des consommateurs qui ne veulent plus s'engager pour des dizaines d'années dans un emprunt et qui refusent de vivre dans les immenses maisons traditionnelles de leurs parents. Le luxe, oui, mais en plus petites dimensions, disent-ils. Ils sont très fiers et ont raison : on peut désormais admirer, un peu partout dans le monde, de telles maisons, surtout aux USA où l'immigration a eu une grande influence dans ce domaine. Du style campagnard scandinave avec ses dégradés de blanc cassé, ses fresques sur bois et ses lits encastrés dans les placards, au style anglais plus cosy, en passant par des styles très particuliers comme ceux des Shakers, tout est permis. Mais les plus beaux et les plus impressionnants sont peut-être les mini cottages anglais de l'époque victorienne ou de sublimes maisons d'architecte construites avec un, deux ou trois containers industriels agencés dans l'espace comme des pièces de Lego.

Les mini cottages victoriens

> « Vivre à trois dans un petit logis force chaque membre de la famille à être plus respectueux des autres. Lorsqu'il y a un problème, on est obligé d'en parler. »
> LA PROPRIÉTAIRE D'UN MINI COTTAGE VICTORIEN AUX ÉTATS-UNIS

Qui ne succomberait pas au charme ancien et cosy de ces cottages des campagnes anglaises ? Toit en pente, cheminée, rosiers grimpants, coquet jardinet au milieu de grands arbres ombragés… On peut désormais s'en faire construire à l'identique. La seule différence, c'est leur taille : une superficie d'environ trente mètres carrés. Baies vitrées ou *bow-windows* donnant sur un jardin un peu fouillis, vérandas en bois recouvertes de vigne vierge, petit porche couvert d'un toit pointu avec, à l'intérieur, une grande pièce à vivre et son feu de bois pour l'hiver, des poutres, de moelleux tapis et canapés, un coin living avec sa table et ses chaises, une petite cuisine très fonctionnelle, un escalier en bois menant à un étage composé de deux petites chambres et d'une salle de bains… Certes, le prix au mètre carré de tels bijoux est onéreux mais, disent leurs propriétaires, il y en a si peu que l'on peut se permettre le meilleur pour la qualité et le confort : robinetterie et sanitaires italiens conçus à l'origine pour les yachts, bois précieux au sol et sur les murs, parures de lit en dentelle mousseuse, tapis persans… Ces petites demeures sont également fort bien isolées thermiquement et acoustiquement. Elles ont les mêmes systèmes d'aération et de sécurité que les grandes.

Un riche célibataire de New York

La nouvelle tendance à New York ? Acheter un studio très petit et très délabré pour une modeste somme et investir une ou deux fois plus dans un aménagement ultramoderne et sophistiqué. C'est le cas de celui de ce jeune homme d'affaires : une grande pièce à vivre avec un coin bureau et un mur entier que l'on peut pousser dans le salon pour créer… une chambre d'amis. Il suffit alors de déplier le lit à deux places encastré, en hauteur, dans le mur et d'en détacher les sangles. Tout dans cet espace est calculé, y compris la garde-robe de son propriétaire, étudiée, comme le reste, afin d'être la plus réduite possible : une seule mais excellente veste en duvet à capuche et grandes poches pour l'hiver (pas besoin de chapeau ni de gants), des vêtements en matières « anti bactéries » (pas besoin de faire trop de lessives, ces vêtements ne sentant rien même après avoir été portés plusieurs fois), etc. Son grand salon, quant à lui, permet à son propriétaire de recevoir plusieurs amis grâce à des meubles dépliables (plusieurs poufs en un, une table à rallonges...). Bien sûr, il faut parfois savoir choisir entre un grand lit et un canapé. Mais un grand lit et une grande table suffisent lorsque l'on vit seul, dit-il.

Le challenge des architectes japonais

> « Je ne possède que deux mugs, dit-il,
> et une dizaine de livres. Une telle maison appelle
> à simplifier sa vie. »
> FUYUHIYO MORIYA

Au Japon, pays où les zones urbaines sont surpeuplées et le prix du mètre carré exorbitant, certains architectes futuristes se sont lancés dans le chalenge des petites habitations. C'est le cas de la célèbre « Maison 4 x 4 » de Tadao Ando : chaque étage mesure quatre mètres sur quatre, d'où son nom. Elle est composée de quatre étages et d'un sous-sol, remplissant chacun une fonction unique : vestibule, chambre, bureau et séjour-salle à manger. Sa vue est à couper le souffle : la mer intérieure du Japon et le pont Akashi. Incroyable, elle aussi, cette maison à trois étages construite sur trente mètres carrés par l'architecte Fuyuhiyo Moriya. Son intérieur est très beau : de grandes fenêtres apportant espace et lumière, des murs, des sols et des escaliers en bois divers (une vingtaine d'essences), pour un résultat d'une élégante sobriété. Dans ces maisons, dit-il, ce n'est pas ce que vous n'avez pas qui compte, mais… ce que vous avez.

La maison Nakamura

La « maison Nakamura », construite par l'architecte du même nom, commença, explique-t-il, par l'achat du terrain : sept mètres sur sept. Elle mesure six mètres de haut partagés sur deux niveaux et, après n'avoir été qu'une coquille vide, est devenue un véritable havre de confort et de douceur. Tout y est escamotable, de la machine à laver le linge en passant par le fax ou le téléphone fixe qui disparaissent dans des trappes comme sur un yacht. Elle rappelle un peu les retraites des lettrés chinois et japonais d'autrefois : sobre, dépouillée et ornée d'objets de qualité (ses occupants ont dû, disent-ils, se défaire de la plupart de leurs objets). C'est un lieu où penser, lire, discuter avec des amis et, naturellement, faire la sieste, deviennent les activités principales.

Un architecte peu connu : William Merrell Vories (1880-1964)

La plupart des œuvres de cet architecte américain, immigré au Japon dans ses jeunes années et peu ou pas assez connu, se trouve aux alentours de Kyoto, où il vécut. Les maisons, églises et écoles qu'il a conçues sont tout simplement des petits bijoux. La plupart d'entre elles sont de petites tailles, sobres mais surtout pensées avec le souci constant du bien-être et de la santé de ses futurs occupants. Marches d'escalier peu hautes, vitrages aux couleurs ambre afin que la lumière du jour ne meurtrisse pas l'œil, angles de rampes arrondis pour ne pas se blesser en trébuchant… Cet architecte était avant tout un humaniste. Il interdisait, dit-on, à ses employés de travailler après cinq heures de l'après-midi, estimant que leur place était alors auprès de leur famille. Il insistait aussi sur le fait qu'ils devaient prendre assez de repos et de loisirs pour bien travailler. Comment aurait-il pu, avec une telle éthique, ne pas créer des constructions à la hauteur de son humanité et de son bon sens… ?

Un petit tour d'Europe

Il est toujours enrichissant de voyager avec un but précis. Pourquoi ne pas partir à la recherche de tous les petits intérieurs de personnages célèbres à travers l'Europe ? Pourquoi ne pas organiser un périple destiné à visiter le pavillon de Croisset où Flaubert travaillait, la maison de Mallarmé, celle de Kenneth White, située en Bretagne, le fameux cabanon dans le sud de la France de Le Corbusier, la petite maison en bois, à Moscou, de Tolstoï, celle de Grieg et de tant d'autres encore ? Visiter ces demeures nous conforterait dans l'idée qu'une habitation n'a pas besoin d'être immense pour apporter de l'énergie et du génie, des lieux inspirants, des champs culturels vivifiants intellectuellement ou artistiquement malgré, pour la plupart, la modestie de leur taille.

8

LE FUTUR DE L'HABITAT

Réduire la superficie de son habitat
pour moins gaspiller l'énergie
Les appartements miniatures du futur
dans les grandes villes
Le choix des nouvelles générations...
Conclusion

Réduire la superficie de son habitat pour moins gaspiller l'énergie

> « Au rez-de-chaussée, en tout et pour tout, un atelier démesuré, une entrée minuscule et la cuisine. À l'étage, deux pièces, l'une de trois nattes, l'autre de quatre et demie. [...] une maison pareille à une illustration de contes de fées. [...] Mais l'atelier était suffisamment grand pour que deux personnes puissent s'y tenir, dormir et manger. [...] La maison de conte de fées... »
>
> Junichirô Tanizaki, *Un amour insensé*

Mixer le style cabane au style chic, s'inspirer des dernières astuces en matière d'habitat pour encore plus de confort et d'esthétique, voilà probablement ce que deviendront les tendances de l'architecture dans les décennies à venir pour non seulement faire face au problème de l'habitat dans les grandes métropoles, mais aussi se protéger d'éventuels changements dans une économie pour le moins incertaine. De plus, détruire les forêts ou piller les ressources de notre planète devra forcément prendre fin un jour : le monde actuel est immoral et insensé ; les générations futures auront à payer l'addition de nos folies et de nos erreurs. Utiliser moins de machines, consommer moins de produits manufacturés par des travailleurs sous-payés, faire moins d'enfants, se contenter d'espaces modestes pour vivre, telles sont les seules solutions possibles pour sauver la planète. Certes, ceux qui recherchent des alternatives à la consommation sont heureusement toujours plus nombreux. On parle de plus en plus d'énergie renouvelable ou des maisons en paille à la campagne. Mais elles sont souvent éloignées des villes et tout le monde ne peut donc se les permettre. Vivre dans plus petit pour consommer moins et reconnaître qu'il est tout aussi possible d'être heureux dans moins de mètres carrés nous aiderait peut-être à anticiper les problèmes auxquels nous aurons à faire face demain. Pollution, pillage des ressources naturelles, surpopulation... les problèmes se font pressants. Il se peut que les petites demeures deviennent bientôt non pas des choix mais une nécessité.

Les appartements miniatures du futur dans les grandes villes

Les personnes vivant seules sont de plus en plus nombreuses : on se marie moins, on fait moins d'enfants, on divorce plus, l'espérance de vie rallonge... La crise du logement s'en ressent cruellement, surtout dans les grandes villes. Une étude de 2010 rapporte que l'île de Manhattan, à New York, serait la capitale des personnes vivant seules (76 %), et que cette nouvelle tendance au célibat s'étend à grands pas au reste de la ville. Le prix du logement étant très élevé, les New-Yorkais sont obligés de vivre dans des appartements très étroits. Certains avouent utiliser leur four pour ranger des affaires. Le maire a donc tenté de proposer une solution aux architectes qui sont maintenant en train de transformer certains des grands et beaux immeubles de Manhattan en « micro-unités ». Ces surfaces ne doivent pas excéder vingt-huit mètres carrés. Elles sont cependant très confortables : salle de bains, W-C, kitchenette intégrée, assez d'espace pour un grand canapé-lit... Sur un marché de l'immobilier devenu inabordable (un tiers des locataires consacre plus de la moitié de ses revenus au loyer), le mini studio serait donc la solution du futur. Des programmes similaires à ceux de New York viennent d'être proposés dans d'autres villes. À San Francisco, les urbanistes réfléchissent même à la création de logements de quinze mètres carrés, l'équivalent d'une chambre d'étudiant.

Le choix des nouvelles générations…

Éprouveront-elles, comme nous, le besoin de grandes habitations et de la sécurité pour l'avenir ? Leur mode de vie, de plus en plus « nomade », et leur refus de poursuivre, comme leurs parents, une carrière à vie dans un même endroit les pousseront-elles à vouloir se fixer quelque part ? Auront-elles envie de thésauriser des biens pour se sentir heureuses ? Choisiront-elles un emploi à vie pour s'offrir une grande maison ou préféreront-elles une vie moins matérialiste ? Privilégieront-elles la liberté et la flexibilité d'un logis reflétant leur originalité, leurs besoins ? Les jeunes semblent de moins en moins intéressés par les possessions. Ils achètent moins, accordent moins d'importance à la gastronomie, au mariage, à la famille. Ce qu'ils veulent, c'est du temps, des expériences.

Un autre élément influant sur la vie d'aujourd'hui est également signifiant : le développement à une allure effrénée de la technologie. Avec un ordinateur, on peut désormais travailler chez soi. Plus besoin de bureau (donc d'endroit fixe) et moins besoin d'espace. Les générations futures aspireront probablement à autre chose qu'une grande maison remplie d'enfants et un emploi à vie. Ne préféreront-elles pas une toute petite demeure entourée, non pas d'une pelouse et de sa piscine, mais d'un ravissant potager leur assurant la qualité de ce qu'ils mettront dans leurs assiettes ? Est-ce que vivre sans dettes et sans soucis ne sera pas leur priorité ? C'est du moins ce que je leur souhaite…

Conclusion

> « Les gens ne sont-ils donc pas conscients d'être piégés dans une situation atroce ? Toute entreprise humaine n'a qu'une fin inéluctable, inévitable : la douleur. Les biens finissent dans la dispersion, les édifices dans la destruction, les rencontres dans la séparation, la naissance dans la mort. Sachant cela, il faut, dès le début, renoncer à posséder et à thésauriser, à construire et à s'assembler. »
> VICKI MACKENZIE, *UN ERMITAGE DANS LA NEIGE*

Maisons de bûcherons, burons, chalets de montagne, cabanes au fond des bois, petits intérieurs japonais, studios à peine plus grands qu'une roulotte… Le chemin du bonheur est tellement simple ! Peut-être hésite-t-on à le prendre parce qu'on se méfie de ce qui est simple et que l'on s'ingénie à tout vouloir compliquer. Revenir à une échelle humaine dans tout ce qui a trait au matériel, y compris l'habitat, troquer sa grosse voiture contre un petit cabriolet hybride, parcourir les campagnes et pique-niquer dans un parc, tels sont les véritables plaisirs de la vie. Nous sommes tous des taoïstes et des confucianistes nés ; nous savons, au fond de nous et sans même l'avoir appris, que la meilleure façon de vivre est celle du « juste milieu » : une vie doucement raisonnable, un équilibre parfait entre l'action et la paresse, entre la pauvreté et la richesse, entre le grave et la légèreté, entre le sérieux et l'excentricité.

Le juste milieu, c'est un idéal de vie moyenne : le type de vie le plus sain qui ait jamais été. Vivre dans plus petit pour changer le monde peut sembler utopique. Certes. Mais sans l'utopie, que resterait-il de l'espoir ?

DU MÊME AUTEUR
AUX ÉDITIONS FLAMMARION

L'art de l'essentiel
99 objets indispensables et suffisants
L'art de mettre les choses à leur place
Mon Kakebo, agenda de compte pour tenir son budget sereinement (annuel)

Mise en page Meta-systems
59100 Roubaix

N° d'édition : L.01EPMN000810.A002
Dépôt légal : janvier 2016